과학 글쓰기 학습 계획표

날짜	장	과학 글쓰기 주제	확인	날짜	장	과학 글쓰기 주제	확인
01 일차	1장 미생물과 곤충	감염		17 일차	4장 기후 위기	지구 온난화	
02 일차		유해균, 유익균		18 일차		식생활 변화	
03 일차		유기물 분해		19 일차		바다거북	
04 일차		미래 식량		20 일차		기후변화 생물지표종	
05 일차		퇴비		21 일차		이산화 탄소	
06 일차		저온 살균		3주차 과학 글쓰기 완료			
07 일차	2장 내 몸	당뇨		22 일차	5장 우주	인공위성	
1주차 과학 글쓰기 완료				23 일차		우주쓰레기	
08 일차	2장 내 몸	소화		24 일차		별 관측	
09 일차		항생제		25 일차		별의 성장	
10 일차		호르몬		26 일차		나사	
11 일차		동물 실험		27 일차	6장 기술	로봇 윤리	
12 일차	3장 생태계	바다 사막화		28 일차		유전 정보	
13 일차		해양 쓰레기		29 일차		인공지능	
14 일차		동물원		4주차 과학 글쓰기 완료			
2주차 과학 글쓰기 완료			
15 일차	3장 생태계	돌고래	
16 일차		생물 다양성	

시미쌤의 초등 과학 글쓰기

정혜심(시미쌤) 지음

시미쌤의
초등 과학 글쓰기

초판 발행 • 2023년 12월 10일

지은이 • 정혜심
발행인 • 이종원
발행처 • (주)도서출판 길벗
출판사 등록일 • 1990년 12월 24일
주소 • 서울시 마포구 월드컵로 10길 56(서교동)
대표 전화 • 02)332-0931 | **팩스** • 02)323-0586
홈페이지 • www.gilbut.co.kr | **이메일** • gilbut@gilbut.co.kr

기획 및 책임편집 • 안윤주(anyj@gilbut.co.kr) | **디자인** • 책돼지 | **제작** • 이준호, 손일순, 이진혁, 김우식
마케팅 • 김학흥, 박민주 | **유통혁신** • 한준희 | **영업관리** • 김명자 | **독자지원** • 윤정아

교정교열 • 황진주 | **전산편집** • 책돼지 | **출력 및 인쇄** • 예림인쇄 | **제본** • 경문제책

▶ 잘못 만든 책은 구입한 서점에서 바꿔 드립니다.
▶ 이 책은 저작권법에 따라 보호받는 저작물이므로 무단전재와 무단복제를 금합니다.
  이 책의 전부 또는 일부를 이용하려면 반드시 사전에 저작권자와 (주)도서출판 길벗의 서면 동의를 받아야 합니다.
▶ 해시태그로 표기된 단어는 해시태그 사용법에 맞추어 붙여쓰기로 적용되었습니다.

ISBN 979-11-407-0726-3 73710 (길벗 도서번호 080385)

정가 18,000원

독자의 1초를 아껴주는 정성 길벗출판사

(주)도서출판 길벗 | IT교육서, IT단행본, 경제경영서, 어학&실용서, 인문교양서, 자녀교육서 www.gilbut.co.kr
길벗스쿨 | 국어학습, 수학학습, 어린이교양, 주니어 어학학습, 학습단행본 www.gilbutschool.co.kr

머리말

문해력 처방전은
과학 글쓰기

과학 교사이자 과학 커뮤니케이터로 활동하면서 아이들이 과학의 탐구 과정을 경험하며 문해력을 탄탄히 기르길 원했습니다. 그래서 복잡한 실험을 거치지 않아도 읽고 쓰고 말하는 과정을 통해 과학을 쉽게 경험하는 방법을 찾았습니다. 바로 '과학 글쓰기'입니다. 현재 미국 아이들은 과학을 공부할 때 과학과 관련된 이야기를 읽고, 자신이 이해한 내용을 말하고 쓰면서 과학을 배웁니다. 그러니까 과학 글쓰기를 통해 자연스럽게 과학을 배우고 문해력을 동시에 키우고 있습니다. 이 책은 아이가 과학 이야기를 읽고 쓰고 말하며 과학 지식과 문해력을 동시에 잡을 수 있도록 돕는 과학 글쓰기 입문 서적입니다. 시미쌤이 직접 미국 교과서를 분석하고 한국 학교 현장에 적용하며 얻은 노하우가 담겨 있습니다.

"세상에서 가장 재미있는 일은 내가 자신감을 느낀 일"이라는 말이 있습니다. 우리 아이들이 4주간의 과학 글쓰기 여정을 통해 과학을 읽고, 쓰고, 말하는 경험이 쉽고 나도 글쓰기를 잘 할 수 있다는 자신감을 얻기 바랍니다. 그리고 이 책을 통해 읽고 쓰고 말하는 재미를 찾아 자기 생각을 제대로 표현하고, 다른 사람의 생각을 바르게 이해하는 즐거움을 얻기를 바랍니다.

저자 **정혜심**

시작하기 전에 어린이가 읽어요

이렇게 공부하면 좋아요

읽기

+ 날짜를 적고 어떤 종류의 글을 쓸지 미리 알아보아요.
+ 시미쌤이 들려주는 과학 이야기를 읽어보아요.
+ 강조 표시된 단어를 기억해 글을 쓸 때 활용해요.

쓰기

+ 과학 이야기를 읽고 마인드맵, 빈칸 채우기 등을 활용해 내용을 간추려보아요.
+ 써 볼 글의 갈래를 알아보아요.
+ 간추린 내용들을 떠올리며 글을 써보아요.

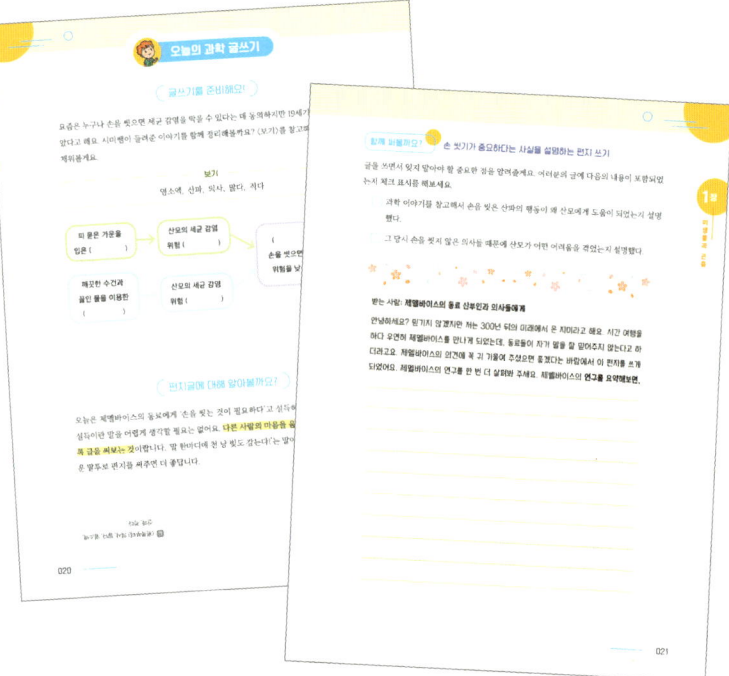

등장인물 소개

함께 공부할 친구들을 소개해요

시미쌤
지구초등학교 친구들인 지미, 요미, 토미와 함께 재미있는 생각을 쓰고 표현할 수 있는 방법을 알려 줍니다.

요미
지구초등학교 5학년.
과학책을 보다가 잠들어 꿈도 과학 꿈을 꾸게 되는 남자 어린이.
우주에 관심이 많고, 할아버지와의 추억을 간직하고 싶다.

토미
지구초등학교 5학년.
세계의 친구들과 소통할 수 있는 SNS 활동을 활발하게 하는 여자 어린이.
웹툰과 귤을 좋아하고, 스마트폰으로 영상을 즐겨본다.

지미
지구초등학교 5학년.
호기심 많은 곱슬머리 여자 어린이.
가족들과 보내는 시간을 좋아하고 최근 초콜렛과 감자칩에 빠진 언니의 건강이 걱정이다.

> 시작하기 전에 양육자가 읽어요

왜 과학 글쓰기를 해야 할까요?

문해력이 필요한 시대

아침에 눈을 뜨면 우리 아이들은 무엇을 할까요? 아마 대다수는 스마트폰을 켜고 내가 자는 사이 세상은 어떻게 돌아가고 있었는지 파악할 것입니다. 이렇듯 인터넷과 스마트폰의 발달로 우리 아이들은 많은 정보를 접합니다. 하지만 우리 아이들에게 너무 많은 이야기가 빠르게 들이닥침에 따라 내가 알게 된 정보가 올바른지, 믿을 만한지 판단할 시간이 충분하지 않습니다.

그렇다면 물밀듯이 들이닥치는 이야기가 진실된지를 판단하기 위해서 먼저 무엇이 필요할까요? 바로 아이가 스마트폰이 전하는 정보를 스스로 이해할 수 있어야 합니다. 그리고 이해한 것을 자신의 언어로 말하거나 표현할 수 있어야 합니다. 하지만 요즘 우리 아이들은 많은 이야기를 받아들이는 데만 익숙하지, 내가 그 이야기를 어떻게 이해하고 있는지 표현하는 데는 매우 어색합니다.

문해력의 사전적 의미는 글을 읽고 이해하는 능력입니다. 하지만 지금 우리는 문해력의 의미를 좀 더 확장해서 이해해야 합니다. 우리 아이들이 살아갈 세상은 지금보다 더 많은 이야기가 빠르게 등장할 것이고, 그러한 환경에서 아이들은 내가 무엇을 하며, 어떻게 살아가야 할지 치열하게 고민해야 할 것입니다. 우리 아이들에게 필요한 것은 누군가 전하는 이야기를 읽고 이해하며, 그 이야기를 자신의 방식대로 쓰고 말할 수 있어야 합니다. 아이들에게 필요한 문해력은 읽기(이해하기)와 쓰고 말하기(표현하기)를 할 수 있는 능력이라고 볼 수 있습니다.

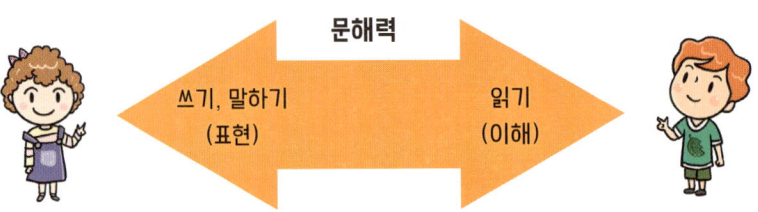

문해력 처방전은 과학 글쓰기

그렇다면 읽고 쓰고 말하는 능력을 동시에 기르는 방법은 무엇일까요? 대부분 책을 많이 읽으면 자연스럽게 아이의 읽기와 쓰기, 말하기 능력이 길러질 수 있다고 생각합니다. 물론 불가능한 것은 아닙니다만 아이에게 한 권의 책을 쥐어주고 스스로 읽고 쓰고 말하는 것까지 잘 해내라고 하면, 아이에게는 큰 부담이 될 수 있습니다. 처음 면허를 딴 사람에게 곧바로 주차를 해보고, 고속도로에서 주행을 해보라고 하면 어떨까요? 무척 부담스럽겠죠. 그러나 강사나 가족의 도움을 받아 넓은 공터에서 주차 연습도 해보고, 짧은 거리부터 천천히 주행 연습을 해보면 자신감을 얻게 되죠. 문해력도 마찬가지입니다. 아이가 읽고 쓰고 말하는 과정을 모두 경험해보며 자신감을 얻게 되는 것이 중요합니다.

그렇다면 과학 글쓰기가 왜 아이의 문해력을 기르는 데 좋을까요? 과학자들이 과학을 탐구하는 과정을 떠올리면 이해하기 쉽습니다. 우리 모두 아는 과학자 뉴턴의 예를 들어볼까요? 뉴턴이 사과나무에서 사과가 떨어지는 것을 보며 "왜 물체는 아래로 떨어질까?"라는 의문을 가졌습니다. 그리고 뉴턴은 자신의 궁금증을 해결하기 위해 과학자들의 연구를 읽어봅니다. 또한 여러 종류의 물체를 바꿔가며 실험을 해보기도 합니다. 실험의 결과를 손으로 써보며 규칙성을 파악하죠. 다른 과학자의 연구를 읽고, 자신의 연구를 써보고 정리하면서 뉴턴은 최종적으로 중력의 법칙을 발표합니다. 이렇듯 과학의 탐구 과정에는 자연스럽게 읽고 쓰고 말하는 과정이 녹아 있어 아이들의 문해력을 기르는 데 도움이 됩니다.

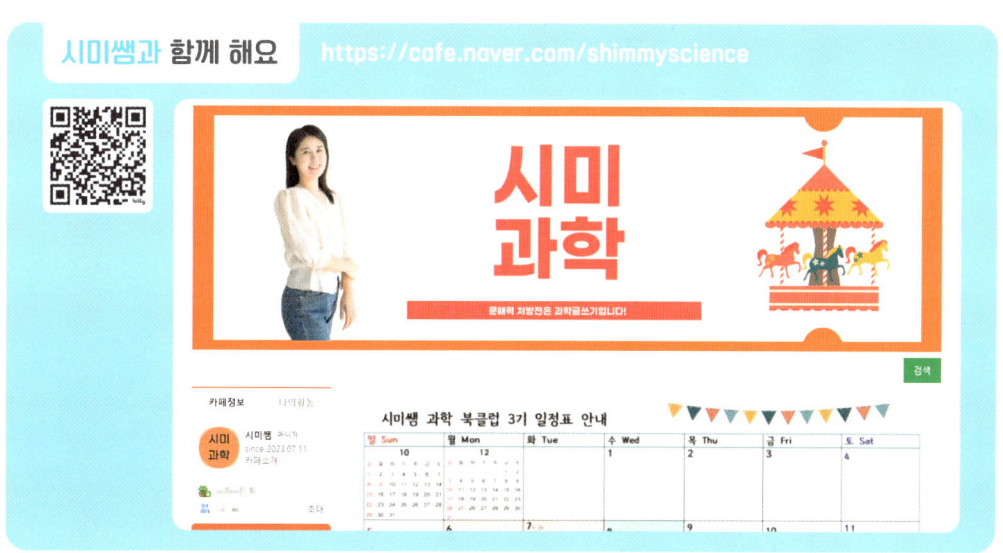

목차

머리말 005 / 이렇게 공부하면 좋아요 006
함께 공부할 친구들을 소개해요 007 / 왜 과학 글쓰기를 해야 할까요? 008

1장 미생물과 곤충

- **01 일차** 손 씻기로 산모들을 살릴 수 있다고? 014
- **02 일차** 유익한 균이 있다고? 020
- **03 일차** 할아버지께서 나무가 되신다고? 026
- **04 일차** 오늘 반찬은 곤충이라고? 032
- **05 일차** 곤충으로 음식물 쓰레기를 분해한다고? 038
- **06 일차** 미생물로 우유를 오래 보관할 수 있다고? 044

2장 내 몸

- **07 일차** 먹어도 먹어도 배가 고프다고? 052
- **08 일차** 우리 몸속을 볼 수 있다고? 058
- **09 일차** 곰팡이가 세균을 죽인다고? 064
- **10 일차** 아이스크림을 먹으면 왜 기분이 좋아질까? 070
- **11 일차** 동물로 실험을 한다고? 076

3장 생태계

- **12 일차** 바다가 사막이 된다고? 084
- **13 일차** 지도엔 없는 섬이 있다고? 090
- **14 일차** 동물원의 동물들은 어떤 하루를 보낼까? 096
- **15 일차** 제주도에서 돌고래를 봤다고? 102
- **16 일차** 서로 도움이 되는 관계가 있다고? 108

문해력 업! 단어 알아보기 198

4장 기후 위기

- **17 일차** 북극에도 모기가 있다고? 116
- **18 일차** 우리나라에서 사과를 볼 수 없을지도 모른다고? 122
- **19 일차** 지구 온난화 때문에 암컷 거북이 많아진다고? 128
- **20 일차** 꾀꼬리로 기후 변화를 알 수 있다고? 134
- **21 일차** 스마트폰을 하면 지구가 뜨거워진다고? 140

5장 우주

- **22 일차** 인공위성 덕분에 길을 잘 찾을 수 있다고? 148
- **23 일차** 인공위성이 쓰레기가 된다고? 154
- **24 일차** 밝은 빛이 공해가 된다고? 160
- **25 일차** 별이 태어나고 죽는다고? 166
- **26 일차** 나사에 가려면 강점이 필요하다고? 172

6장 기술

- **27 일차** 사람을 닮은 로봇이 있다고? 180
- **28 일차** 유전을 막을 수가 있다고? 186
- **29 일차** 인공지능이 그림을 그릴 수 있다고? 192

1장

미생물과 곤충

#감염 #유익균 #유기물분해

#미래식량 #퇴비 #저온살균

난이도 ★★

어렵지 않게 할 수 있어요

교과서 찾아보기

3학년 과학   동물의 한 살이
4학년 과학   식물의 한 살이, 식물의 생활
5학년 과학   다양한 생물과 우리 생활

길가에 꼬물꼬물 기어다니는 곤충이나, 눈에 보이지는 않지만 우리가 자주 사용하는 핸드폰에 묻어있는 세균, 바이러스와 같은 미생물을 떠올리면 어떤 생각이 드나요? 시미쌤이 과학을 알기 전에는 징그럽거나 더럽거나 우리 삶을 불편하게하는 존재라고 생각했었어요. 미생물과 곤충에 대한 시미쌤의 생각이 어떤 계기로 바뀌게 되었는지 궁금하다면 우리 함께 6일간의 글쓰기 여정을 떠나봐요!

01 일차

손 씻기로 산모들을 살릴 수 있다고?

글쓰기한 날짜
 월 일 (요일)

글쓰기 종류 편지글

#감염

#미생물 #손씻기

오늘의 글쓰기 상황

눈을 떠보니 19세기로 시간 여행을 한 지미! 그런데 이곳에서는 산모가 네 명 중 한 명 꼴로 아이를 낳다가 사망하는 일이 많았다고 해요. 의사 제멜바이스는 태어나자마자 엄마와 떨어져 지내는 아기들이 불쌍했어요. 그래서 그가 산모들의 죽음을 막을 수 있는 방법을 알아냈지만 아무도 들어주지 않았어요. 지미는 왜 사람들이 제멜바이스의 이야기를 들어주지 않는지 궁금해서 가까이 다가갔어요. 제멜바이스가 사람들에게 어떤 이야기를 하고 있을까요?

시미쌤의 과학 이야기

외출하고 집에 돌아와서 가장 먼저 하는 일은 무엇인가요? 저는 가장 먼저 손을 씻어요. 여러분도 전 세계를 힘들게 했던 코로나바이러스 때문에 외출 후 손 씻는 습관이 생겼을 것 같아요. 그런데 우리는 언제부터 손을 씻기 시작했을까요? 다시 말해 세균이나 바이러스와 같은 나쁜 병균에게 감염되는 것을 막기 위해 손을 씻는 것은 언제부터였을까요? '감염'이란 세균이나 바이러스가 우리 몸속에 들어가 그 수가 매우 많아지게 되는 현상을 말해요. 오늘은 감염을 막기 위해서 손을 씻어야 한다고 주장한 19세기 헝가리 의사 이그나츠 제멜바이스를 소개할게요.

제멜바이스는 산부인과 의사였어요. 산부인과 병원은 산모가 아기를 건강하게 출산하도록 돕는 곳이지요. 산모가 아기를 출산하는 분만실의 환경은 어떨까요? 혹시 깨끗한 분만대 위에 누워 있는 산모가 힘을 주면 아이가 '뿅!'하고 태어난다고 생각하나요? 사실 분만실에 누워 있는 산모는 세균 감염에 매우 취약해요. 아기가 엄마 뱃속에서 세상으로 나올 때 엄마는 꽤 큰 상처를 입어요. 신생아는 대부분 머리부터 나오는데, 아기가 나올 때 부득이하게 엄마의 몸에 상처가 생기게 되지요. 이때 생긴 상처 부위로 세균이 침입할 수 있는데, 이러한 질병을 산욕열이라고 해요. 300년 전에는 산모 네 명 중 한 명이 출산 중 세균 감염으로 안타까운 목숨을 잃었다고 해요. 아주 오랜 시간 동안 사람들은 산욕열이 생기는 이유와 예방법을 잘 몰랐다고 하네요.

많은 산모가 10달 동안 아기가 태어나길 기다렸지만, 세균 감염으로 아기의 얼굴을 제대로 보지 못하고 죽는 일이 많았어요. 이런 상황을 매우 슬프게 생각한 제멜바이스는 어떻게 하면 산욕열로 죽는 산모의 수를 줄일 수 있을지 무척 고민했어요. 그런데 병원이 아니라 집에서 출산하는 산모들은 산욕열에 거의 걸리지 않는다는 사실을 알아냈어요. 그 이유를 살펴보니 집에서 출산할 때, 출산을 도와주는 사람인 산파들은 끓인 물과 깨끗한 수건으로 산모의 몸을 닦고, 외부인의 방문을 철저히 막았어요. 산모가 안전하게 출산할 수 있도록 산파가 도왔던 것이지요. 당시 의사들은 피가 묻은 의사 가운이 얼마나 수술을 잘하는지 보여주는 상징이라고 생각했어요. 그래서 산부인과 의사들이 손을 제대로 씻지 않은 채 피 묻은 손으로 산모의 출산을 도왔어요. 오히려 산파들이 산부인과 의사보다 좀 더 위생적이고 안전하게 출산을 도운 셈이었죠.

제멜바이스는 산파와 산부인과 의사들의 행동을 꼼꼼히 비교하여 다음과 같은 결론을 내렸어요.

"음, 소독 효과가 우수하다고 알려진 염소액(소독약)에 손을 씻고 산모의 출산을 돕는다면, 많은 산모의 목숨을 구할 수 있을 거야!".

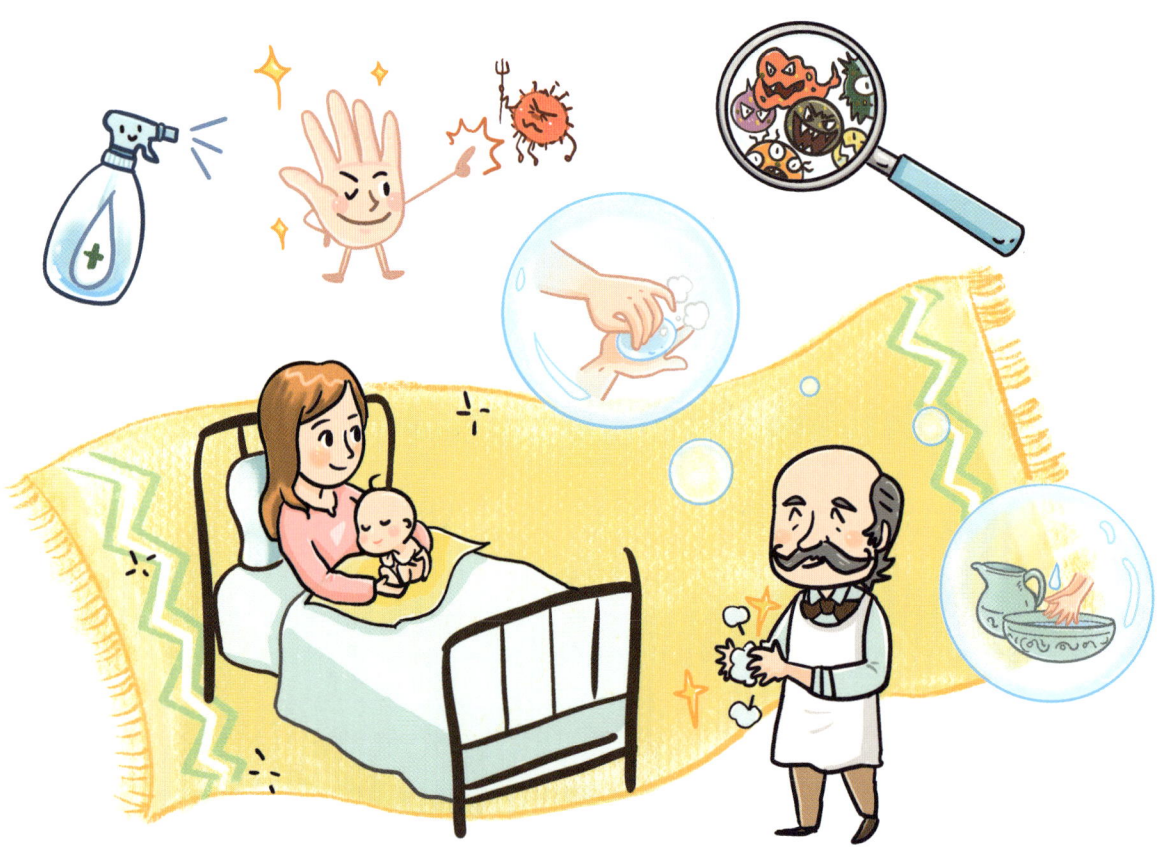

그리고 제멜바이스는 염소액(소독약)에 손을 씻고 출산을 도왔을 때와 손을 씻지 않고 출산을 도왔을 때의 산모 생존율을 비교했어요. 예상한 대로 당연히 염소액(소독약)에 손을 씻었을 때 산모의 생존율이 무척 높았어요. 그렇다면 놀라운 발견을 해낸 제멜바이스를 동료 산부인과 의사들이 칭찬했을까요? 아쉽게도 그렇지 않았어요.

왜냐하면 그 당시 산부인과 교수들은 의사 가운에 피가 많이 묻어 있을수록 실력 있는 의사라고 주장했기 때문이에요. 심지어 산모의 죽음을 일으키는 주된 원인은 나쁜 공기라고 과학적으로 말도 안 되는 주장을 했지요. 제멜바이스보다 더 오래 의학계에서 권위를 가지고 있던 교수들의 말에 아무도 반박하지 않았고, 제멜바이스의 놀라운 발견은 쓸데없는 소리라고 여겼답니다. 게다가 동료 의사들은 제멜바이스가 미쳐버렸다는 뒷담화를 하기도 했어요. 하지만 제멜바이스의 발견이 옳았다는 사실이 후대 과학자들에게서 증명이 되었고, 지금은 의사뿐만 아니라 누구나 세균 감염을 막기 위해서는 손을 씻어야 한다고 생각하지요.

글쓰기에 힘이 되는 **배경 지식 알아보기**

그런데 '감염'이란 무엇일까요? 감염(느낄 감 感, 전염되다 염 染)의 한자어 뜻을 그대로 풀어보면, 내 몸이 무언가에 전염된 것과 같은 느낌이 든다는 뜻이에요.
그렇다면 감염의 의미를 자세히 살펴볼까요? 과학에서 말하는 감염이란 눈에 보이지 않은 작은 미생물이 우리 몸에 침입하여 혈액이나 피부, 장기 등에 자리 잡고 나서 그 수를 증가시키는 것을 말해요. 우리 몸에 영향을 주는 미생물에는 바이러스, 세균, 곰팡이 등이 있어요. 우리 몸이 작은 미생물에 의해서 감염되면 보통은 병에 걸리지만, 가끔은 병을 일으키지 않고 조용히 미생물의 수만 증가하는 경우도 있어요.

오늘의 과학 글쓰기

글쓰기를 준비해요!

요즘은 누구나 손을 씻으면 세균 감염을 막을 수 있다는 데 동의하지만 19세기에는 그렇지 않았다고 해요. 시미쌤이 들려준 이야기를 함께 정리해볼까요? 〈보기〉를 참고해서 아래 빈칸을 채워볼게요.

보기
염소액, 산파, 의사, 많다, 적다

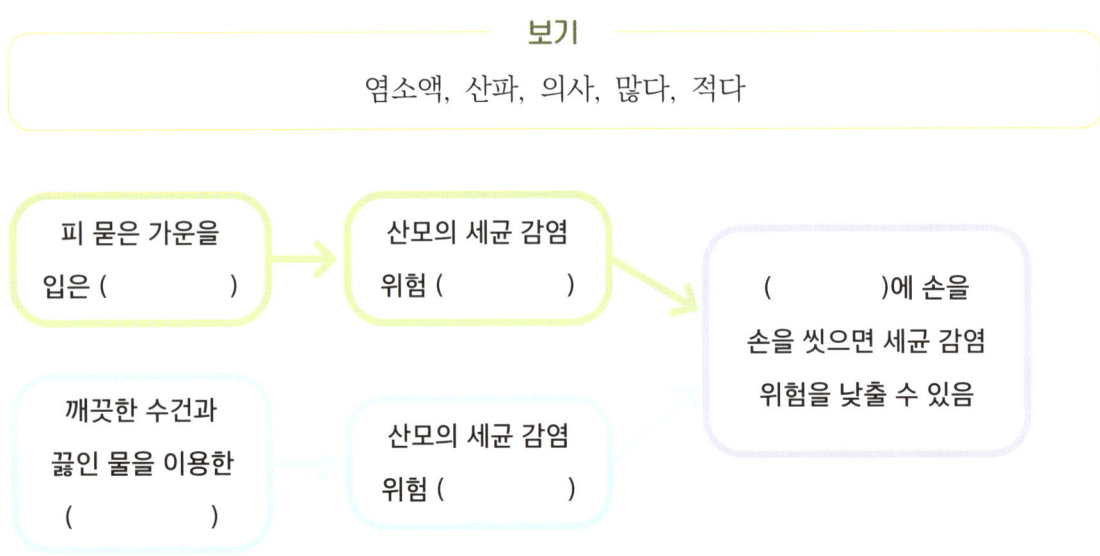

편지글에 대해 알아볼까요?

오늘은 제멜바이스의 동료에게 '손을 씻는 것이 필요하다'고 설득하는 편지를 써볼 거예요. 설득이란 말을 어렵게 생각할 필요는 없어요. ==다른 사람의 마음을 움직여 내 생각에 동의하도록 글을 써보는 것==이랍니다. '말 한마디에 천 냥 빚도 갚는다!'는 말이 있듯이 따뜻하고 부드러운 말투로 편지를 써주면 더 좋답니다.

답 (왼쪽부터) 의사, 많다, 염소액, 산파, 적다

함께 써볼까요? 손 씻기가 중요하다는 사실을 설명하는 편지 쓰기

글을 쓰면서 잊지 말아야 할 중요한 점을 알려 줄게요. 여러분의 글에 다음의 내용이 포함되었는지 체크 표시를 해보세요.

- ☐ 과학 이야기를 참고해서 손을 씻은 산파의 행동이 왜 산모에게 도움이 되었는지 설명해요.
- ☐ 그 당시 손을 씻지 않은 의사들 때문에 산모가 어떤 어려움을 겪었는지 설명해요.

제멜바이스의 동료 산부인과 의사들에게

안녕하세요? 믿기지 않겠지만 저는 300년 뒤의 미래에서 온 지미라고 해요. 시간 여행을 하다 우연히 제멜바이스를 만나게 되었는데, 동료들이 자기 말을 잘 믿어주지 않는다고 하더라고요. 제멜바이스의 의견에 꼭 귀 기울여 주셨으면 좋겠다는 바람에서 이 편지를 쓰게 되었어요. 제멜바이스의 연구를 한 번 더 살펴봐 주세요. 제벨바이스의 **연구를 요약해보면,**

02일차 유익한 균이 있다고?

글쓰기한 날짜   월   일 (요일)

글쓰기 종류 정보 전달 글쓰기

#대변이식 #항생제 #유익균 #유해균

오늘의 글쓰기 상황

토미의 할아버지께서는 오랫동안 앓고 계시던 병이 있어요. 그래서 꾸준히 약을 드셔야 한대요. 그런데 요즘 할아버지께서 약 부작용인 장염 때문에 무척 고생하신다고 하네요. 할아버지 때문에 속상한 토미. 그런데 토미 할아버지의 약 부작용을 없앨 수 있다고 해요. 바로 건강한 사람의 대변을 토미 할아버지 몸속에 옮겨 심는 방법이지요. 대변 이식이라니? 도대체 이것이 무슨 치료법인지 함께 알아볼까요?

# 시미쌤의 과학 이야기

여러분은 아프면 무엇을 먹나요? 따듯하고 든든한 식사가 병을 낫는 데 도움을 주지만, 대부분 질병을 치료할 때는 도움이 되는 약을 먹지요. 하지만 약을 먹는다고 무조건 병이 치료되는 것은 아니에요. 특히 내 마음대로 약을 많이 먹거나 귀찮다고 약을 안 먹는다면 오히려 문제가 되기도 하고 약에 의한 부작용이 많이 생겨요. 특히 항생제는 반드시 의사 선생님의 처방에 따라 먹어야 해요. 항생제는 우리 몸을 아프게 하는 세균을 죽이는 약이에요.

우리 몸에 침입한 세균을 죽이는 항생제를 많이 먹으면 좋을까요? 왠지 세균이 더 빨리, 더 많이 없어질 테니 아픈 곳이 빨리 나을 것 같지요. 하지만 사실 우리 몸에는 나쁜 세균만 있는 것이 아니에요. 우리 몸속에 어떤 세균들이 살고 있는지 알아볼까요? 먼저 건강한 몸을 위해 꼭 필요한 세균인 '유익균'이 있어요. 대표적인 유익균으로 유산균이 있지요. 여러분도 유산균이 좋다는 얘기를 한번쯤 들어봤을 거예요. 유산균은 장이 건강하게 기능할 수 있도록 돕고, 아토피 같은 피부병이 생기지 않도록 돕기도 하죠. 반대로 우리 몸에 나쁜 영향을 주는 세균은 '유해균'이라고 해요. 자 그러면 여기서 퀴즈! 세균을 죽이는 항생제는 유해균만 따로 골라서 죽일까요? 정답은 '아니오'예요.

항생제는 어떤 세균이 우리 몸에 도움이 되는지 그렇지 않은지 구별할 수가 없어요. 그래서 항생제를 너무 많이 먹게 되면 건강한 몸을 위해 필요한 유익균까지 사라지게 되지요.

1장 미생물과 곤충

토미의 할아버지께서 장염으로 고생하고 계신다고 했지요? 할아버지께서는 오랫동안 앓고 계신 질병을 치료하기 위해서 오랜 기간 많은 양의 항생제를 드셨기 때문에 그에 따른 부작용으로 장염이 생겼어요. 항생제로 인해 할아버지의 장 속에는 유해균이 사라지고 덩달아 유익균도 사라졌지요.

우리 몸이 건강하게 지낼 수 있도록 도와주는 유익균이 사라진 토미 할아버지의 장은 보호막이 사라진 것과 같지요. 유익균이 사라진 몸에 유해균이 들어오게 되면 보통 사람들보다 더 많이 아프다고 하네요. 그러면 토미 할아버지께서는 평생 항생제 부작용에 시달려야만 할까요? 그렇지 않아요. 토미 할아버지의 장에 다시 유익균을 넣으면 되니까요!

과학자들은 토미 할아버지와 같이 항생제를 너무 많이 복용해서 유익균까지 사라져버린 사람들에게 건강한 사람의 대변을 옮겨 심는 방법을 생각했어요. '대변은 더러운 것 아닌가요?'라고 생각할 수도 있는데, 잘 들어보세요. 길 가는 사람의 대변을 그냥 가져오는 것이 아니에요. 장 속 유익균이 아주 풍부하게 들어있는 건강한 사람의 대변을 활용하는 것이지요. 건강한 사람의 대변에는 음식을 먹고 난 뒤 찌꺼기도 있지만, 그 사람이 가지고 있던 유익균들도 동시에 배출되거든요. 그리고 대변을 그대로 사용하는 것이 아니고 유익균들만 따로 모은 뒤 유익균 용액

을 만들어요. 이후 유익균 용액을 아픈 사람의 장에 골고루 뿌려 유익균이 잘 자라는지 관찰하면 돼요. 유익균은 따듯하고 영양분이 풍부한 환경에서 스스로 그 수를 늘려요. 토미 할아버지도 대변 이식 수술을 받으시게 된다면 건강한 장을 되찾으실 수 있겠지요.

혹시 이 대변 이식 수술이 실제로 일어나고 있는지 궁금한가요? 우리나라에서는 '클로스트리듐 디피실균 장염'으로 고생하는 환자들에게 대변 이식 수술을 하고 있답니다. 클로스트리듐 디피실균은 유해균인데, 이 균이 장에 너무 많이 증식하면 치명적인 설사를 유발한다고 해요. 이 병은 특히 항생제를 오랜 기간 많이 복용한 환자들이 주로 경험한다고 해요. 왠지 토미 할아버지와 비슷한 증상인 것 같지요? 대변 이식은 많은 연구가 필요한 분야지만 많은 과학자들이 '대변 이식'이 고치기 힘든 장 질환을 해결하는 중요한 역할을 할 것이라고 이야기해요.

글쓰기에 힘이 되는 배경 지식 알아보기

> 바이러스와 세균은 우리 몸을 아프게 하는 미생물이지만 서로 꽤나 달라요. 여러분이 아는 세균에는 충치를 일으키는 세균, 찌릿찌릿 위를 아프게 하는 세균 등이 있어요. 그리고 바이러스는 코로나바이러스, 감기바이러스, 독감바이러스 등이 있지요. 세균은 따듯하고 먹이가 충분한 환경이라면 그 수가 늘어날 수 있어요. 하지만 바이러스는 아무리 따듯하고 먹이가 충분히 있는 환경일지라도 바이러스의 생존을 도와주는 숙주가 없다면 그 수가 늘어나지 못해요.
> 그렇다면, 항생제는 세균을 죽이는 약인데 항생제로 바이러스도 죽일 수 있을까요? 안타깝게도 그럴 수 없어요. 바이러스를 죽이는 약은 항바이러스제라고 불려요.

오늘의 과학 글쓰기

글쓰기를 준비해요!

항생제는 우리 몸을 아프게 하는 유해균뿐만 아니라 우리 몸에 도움이 되는 유익균까지 없애 버린다고 해요. 그래서 항생제를 오랫동안 꾸준히 먹은 환자들은 유익균이 사라져 설사나 복통 등 장 관련 질환으로 고생한다고 해요. 다음 그림을 보고 빈칸을 채워보세요.

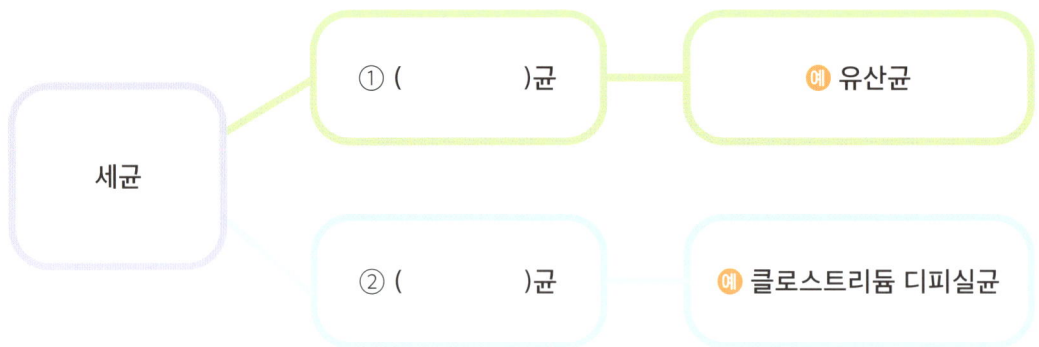

정보 전달 글쓰기에 대해 알아볼까요?

오늘은 할아버지께 편지를 쓰는 토미에 대해서 알아보았어요. 오늘 글쓰기의 목표는 할아버지께서 유익균과 유해균의 개념에 대해 제대로 이해하실 수 있도록 돕는 것이랍니다. 많은 내용을 전달하려고 하기보다는 꼭 필요한 내용을 전달할 수 있도록 집중하는 것이 좋아요. 참, 여러분! 상대방에게 어떤 내용을 전달할 때 정확하지 않은 정보로 이러쿵저러쿵 말하면 안 됩니다. 말할 내용을 정리하지 않으면 상대방은 무슨 이야기인지 이해하지 못할 수도 있어요.

답 ① 유익, ② 유해

 **유익균, 유해균, 대변 이식에 대해 설명하는 글쓰기**

글을 쓰면서 잊지 말아야 할 중요한 부분을 알려 줄게요. 여러분의 글에 다음의 내용이 포함되어 있는지 체크 표시를 해보세요.

☐ 과학 이야기를 참고해서 유익균과 유해균에 대해서 정리하여 설명해요.

☐ 과학 이야기를 참고해서 토미 할아버지에게 대변 이식이 왜 필요한지 설명해요.

할아버지, 요즘 많이 편찮으시다고 들었어요. 엄마에게 여쭤보니 할아버지께서 오랫동안 앓고 계신 질병 때문에 항생제를 오래 드셔서 그렇다고 들었어요. 약을 먹는 이유는 몸이 건강하게끔 도와주는 것인데, 오히려 부작용 때문에 고생하신다는 소식을 들으니 제 마음도 아파요. 그런데 할아버지, 혹시 세균에 대해서 들어보셨나요? 세균은 크게 두 종류로 나뉘어요.

_____

_____

_____

_____

_____

그리고 대변 이식에 대해서는 들어보셨나요? 할아버지의 몸이 더 건강해지실 수 있는 치료법이래요.

_____

_____

_____

_____

03 일차

할아버지께서 나무가 되신다고?

글쓰기한 날짜
◯ 월 ◯ 일 (◯ 요일)

글쓰기 종류 공감하는 글쓰기

#장례 #퇴비장 #유기물분해

오늘의 글쓰기 상황

요미에게 행복했던 기억이 언제인지 물어보면 항상 나오는 이야기가 있어요. 바로 요미가 미국에 사시는 할아버지와 함께 보냈던 몇 번의 여름 방학 때 일이요. 이처럼 요미는 할아버지 댁이 멀어서 한 번 가면 오래 머물곤 한답니다. 그런데 어느 날 학교에서 돌아오니 엄마가 이런 말씀을 하시네요.

"요미야, 할아버지께서 100세까지 건강히 지내시다가 오늘 하늘나라로 가셨어. 그리고 할아버지께서는 무덤을 따로 만들지 않고 할아버지께서 원하는 방식으로 장례를 치루고 싶다고 하셨어."

'아니, 할아버지의 무덤이 없다면 할아버지가 보고 싶을 때는 어디로 가야 하지?'

요미는 엄마가 읽고 계신 할아버지의 마지막 편지를 얼른 읽고, 이게 무슨 상황인지 좀 더 자세히 이해해 보기로 했어요.

시미쌤의 과학 이야기

요미는 할아버지께서 남기긴 편지를 엄마와 같이 꼼꼼히 읽어보기로 했어요. 할아버지는 편지를 쓰시고 3일 후에 하늘나라로 가셨다고 해요. 물론 요미의 엄마는 할아버지께서 100세까지 건강히 지내신 것 그 자체가 축복이라고 말씀하셨어요. 인간은 누구나 죽음을 맞이하지만 그래도 요미는 너무 슬펐어요.

사랑하는 요미 가족에게

요미야, 할아버지란다.

할아버지 나이가 꽤 많아져서 벌써 한국 나이로 100살이나 되었더구나. 할아버지가 요미를 처음 봤을 때, '신이시여. 제가 이 아이와 조금 더 시간을 보낼 수 있도록 자비를 베풀어 주십시오.'라고 진심으로 기도했던 것이 생각나는구나.

그래서 신의 축복이 있었던 것 같구나. 할아버지가 너를 처음 만났을 때 89살이었는데 요미가 벌써 어엿한 11살이 되었지.

할아버지는 요미가 여름 방학마다 미국으로 찾아와서 즐겁게 지냈던 것이 무척 고맙단다.

요미야, 다음 여름 방학에는 꼭 그랜드캐년으로 여행을 가자꾸나. 할아버지가 장거리 이동이 어려워 지난 여름 방학에는 가지 못했지만 다음 여름 방학에는 꼭 갈 수 있도록 노력해보마.

참, 요미 엄마, 아빠 보거라.

내가 사는 미국의 오리건주에서 요즘 퇴비장이라는 것을 하더구나. 내 나이가 100세 정도 되었으니, 언제 하늘나라로 갈지 몰라서 이렇게 편지로 남긴다.

나는 요미가 살아갈 지구가 더는 아프지 않았으면 좋겠구나. 우리 요미도 내가 누렸던 깨끗한 지구를 동일하게 느껴야 한다고 생각한다. 내가 혹여나 하늘나라로 가게 된다면 꼭 퇴비장으로 장례를 할 수 있도록 도와다오.

늘 요미를 키우느라 고생이 많구나.

미국 오리건주에서 토마스 할아버지가

요미는 할아버지의 마지막 편지를 읽으니 할아버지가 보고 싶어져서 펑펑 울었어요. 그런데 할아버지의 편지 마지막 부분에 있는 '퇴비장'이라는 말이 낯설었어요. 그리고 왜 갑자기 나에게 깨끗한 지구를 물려줘야 한다고 이야기하셨는지도 궁금했지요.

여러분, 사람은 누구나 태어나면 죽음을 맞이하게 되지요. 슬프지만 이것은 너무나 당연한 사실이에요. 사람이 죽고 난 뒤에는 장례식을 치러요. 장례식이란 죽은 사람에 대한 추억을 서로 나누며, 슬픔을 서로 위로하는 자리이지요. 그러고 난 후 죽은 사람의 시신을 매장(땅에 묻는 장례)하거나 화장(불에 태우는 장례)했답니다. 하지만 이러한 장례 방식은 문제점이 꽤 많았어요. 예를 들면, 미생물의 도움 없이 단순히 시신을 매장하면 시신이 완전히 분해되는 데 무려 10년이라는 시간이 걸려요. 또 화장의 경우, 매우 센 화력으로 시신을 태우기에 탄소 배출량이 어마어마하다고 해요. 미국의 한 연구 결과에 따르면, 화장으로 배출되는 이산화 탄소의 양이 무려 36만 톤이라고 하니, 그 양이 매우 많지요. 이산화 탄소는 여러분도 알다시피 지구가 점점 뜨거워지

는 현상인 지구 온난화를 일으키는 기체 중 하나예요.

그렇다면 도대체 퇴비장이 무엇이길래 깨끗한 지구를 위해 할아버지께서 선택하신 것일까요? 퇴비장은 시신을 자연적으로 분해하는 미생물의 도움을 받는 방식이에요. 미생물, 나무 조각, 물, 산소만 있으면 시신이 자연 상태의 흙으로 두 달 만에 돌아갈 수 있어요. 할아버지의 시신이 한 줌의 흙이 된 이후에는 흙을 따로 보관해도 되고, 할아버지를 기리는 나무를 심어도 돼요. 또한 퇴비장은 화장에 비해 이산화 탄소 배출량도 무척 적어요. 아마 요미 할아버지께서는 요미가 살아갈 지구가 점점 더워지고 오염이 되는 것 때문에 마음이 아프셨나 봐요. 요미가 깨끗한 지구에서 살 수 있길 바라는 할아버지의 따듯한 마음이 느껴지는 편지네요.

글쓰기에 힘이 되는 배경 지식 알아보기

흙을 가져와서 현미경으로 살펴보면 꽤 많은 미생물이 있답니다. 미생물은 말 그대로 매우 작아서 눈으로 보기 어려운 작은 생물을 의미해요. 미생물의 종류에는 우리 몸에 병을 일으키는 병원균, 바이러스도 있지만 우리 몸에 꼭 필요한 유익균도 있죠. 오늘은 흙에 있는 미생물 중에서 '분해자 미생물'을 소개하려고 해요.

흙에 있는 분해자 미생물은 특히 동물이나 사람의 시신, 똥을 분해해서 물, 기체, 무기질 등의 무기물로 만드는 생물입니다. 분해자 미생물의 대표적인 예로 버섯, 지렁이, 곰팡이가 있어요. 이러한 미생물 덕분에 동식물의 죽은 사체, 배설물이 흙에 남아 있지 않게 되지요. 특히 분해하고 남은 무기질은 새로운 식물이 자랄 때 아주 좋은 영양분이 된답니다. 그리고 새로운 식물이 다 자라고 나면 동물이나 사람이 그것을 먹고 쑥쑥 성장해요.

오늘의 과학 글쓰기

글쓰기를 준비해요!

시미쌤의 이야기를 읽고 난 뒤 O/X 퀴즈를 풀어보세요.

① 퇴비장은 시신을 자연적으로 분해하는 미생물의 도움을 받는 장례 방식이다. (O / X)

② 미생물의 도움 없이 단순히 시신을 매장한 경우, 시신이 완전히 분해되는 데 약 두 달이 걸린다. (O / X)

③ 화장은 퇴비장에 비해서 이산화 탄소 배출량이 매우 많기에 지구 온난화를 막기 위해서는 다른 장례 방식을 선택하는 것이 좋다. (O / X)

공감하는 글쓰기에 대해 알아볼까요?

오늘은 할아버지의 마지막 편지를 읽은 요미의 이야기를 읽어 보았어요. 요미는 편지를 읽고 할아버지께서 어떤 마음으로 퇴비장을 선택하셨는지 이제야 이해했어요.

요미는 답장을 받을 수는 없지만, 할아버지의 마지막 말씀을 귀담아듣고 할아버지의 생각에 공감하기 위해서 답장을 쓰기로 했어요. ==공감은 어렵고 복잡한 것이 아니랍니다. 공감은 다른 사람의 감정과 생각을 진심을 다해 이해하는 것을 의미해요.== 예를 들면, 요미 할아버지께서 요미가 살아갈 지구가 좀 더 깨끗해지길 바라는 마음으로 특별한 장례 방식을 선택하신 그 감정에 집중해보는 거예요.

요미가 할아버지의 마음을 이해한다면 요미 할아버지는 얼마나 기쁘실까요?

정답: ① O ② X ③ O

 **퇴비장의 절차를 기록하고 할아버지와 추억을 되새기는 편지 쓰기**

글을 쓰면서 잊지 말아야 할 중요한 점을 알려 줄게요. 여러분의 글에 다음의 내용이 포함되었는지 체크 표시를 해보세요.

- [ ] 과학 이야기를 참고해서 퇴비장이 왜 화장과 매장보다 환경에 좋은지 설명해요.
- [ ] 할아버지와 어떤 추억을 함께 쌓았는지 나만의 상상력을 마음껏 발휘해 써요.

할아버지, 장례가 끝나고 나니 할아버지가 더욱 보고 싶어요. 엄마, 아빠와 함께 할아버지께서 보내신 편지를 읽으니 할아버지와의 추억도 많이 떠올라요. 오늘 할아버지께서 살아 계실 때 부탁하셨던 퇴비장을 하고 왔어요. 할아버지의 퇴비장 절차를 기록해보고 할아버지를 추억하고 싶어서 마음을 담아 편지를 써보아요.

비록 함께 그랜드캐년에 가지 못했지만, 할아버지를 언제나 그리워할 거예요.
할아버지, 정말 보고 싶어요! 다시 만날 그날까지 안녕!

손자 요미 드림

04 일차

오늘 반찬은 곤충이라고?

글쓰기한 날짜   월   일 (요일)

글쓰기 종류 소개하는 글쓰기   #식용곤충 #미래식량

오늘의 글쓰기 상황

지미, 요미, 토미가 학교에 가는 것이 행복한 이유는 무엇일까요? 물론 학교 선생님의 수업도 재미있고 마음 맞는 친구들과 즐겁게 노는 것도 좋지요. 그중 제일 행복한 건 학교 급식이 정말 맛있다는 거예요! 맛도 좋고 영양도 골고루 풍부한 학교 급식 식단표를 매일 아침 확인하는 것이 지미, 요미, 토미의 행복한 일과예요. 그런데 오늘은 급식 식단표가 조금 독특하네요.

"우리 학교 급식에 곤충 어묵과 곤충 돈가스가 등장했어!"

우리 학교 급식이 맛이 없을 리가 없는데…. 급식 식단표를 보고 걱정이 앞선 지미, 요미, 토미! 곤충 어묵과 곤충 돈가스는 어떤 맛일지, 왜 이런 음식을 만들게 되었는지 궁금해졌어요.

시미쌤의 과학 이야기

지미, 요미, 토미는 학교에 도착해 급식 식단표를 확인하고 깜짝 놀랐어요. 오늘의 식단표에 곤충 어묵과 곤충 돈가스가 있었기 때문이죠. 서로의 눈을 보면서 이렇게 말했어요.

"아니, 돈가스 위에 곤충이 튀겨진 거야?"
"오늘 급식은 도대체 무슨 음식인지 알 수가 없네?"

지미, 요미, 토미의 걱정이 영양사 선생님께 전달된 것일까요. 영양사 선생님께서 오전 수업 중에 전체 방송으로 오늘의 급식에 곤충 어묵, 곤충 돈가스가 등장하게 된 이유를 설명하셨어요.

(영양사 선생님의 방송 중 일부)

지구초 학생 여러분 안녕하세요. 오늘 급식 식단표를 보고 깜짝 놀란 학생들이 분명히 있을 것 같아요. 그래서 오늘 선생님이 왜 곤충 음식을 급식에 추가하였는지 짧은 이야기를 전하려고 합니다.

여러분, 오늘 점심은 곤충 한 마리를 그대로 튀긴 돈가스도 아니고 그대로 볶은 어묵 볶음도 아니랍니다. 그러니 너무 걱정하지 마세요. 여러 영상에서 곤충을 직접 먹는 장면을 본 학생들이 두렵게 생각할 수 있어서 미리 안내해요.

오늘 우리가 먹게 되는 곤충의 이름은 '고소애'라는 별명이 있는 갈색거저리와 '꽃뱅이'라는 별명이 있는 흰점박이꽃무지입니다. 이 둘을 곱게 갈아서 형태가 눈에 보이지 않게 한 뒤 음식에 넣을 거예요.

어때요? 갑자기 마음이 좀 편해지죠? 그리고 사실 우리나라 사람들도 예전부터 메뚜기와 번데기를 맛있게 먹어 왔어요. 우리가 갑자기 곤충을 먹게 된 것은 아닌 거죠. 또한 국제연합식량농업기구(FAO)에 따르면 곤충은 소고기에 비해서 단백질, 비타

민, 미네랄, 섬유질의 함량이 매우 높은 편이에요. 심지어 곤충은 우리 몸에 나쁜 영향을 주는 포화 지방보다 우리 몸에 꼭 필요한 불포화 지방이 더 많이 들어있다고 해요. 영양적으로도 몸에 참 좋다는 얘기지요.

그렇다면 선생님이 곤충이 지구초 학생들의 몸에 좋아서 급식 식단에 넣은 것일까요? 꼭 그렇지는 않습니다. 우리가 함께 생각해 볼 문제가 있기 때문이에요. 특히 여러분이 좋아하는 고기로 만드는 돈가스에 굳이 곤충을 넣은 이유와도 밀접한 관련이 있어요. 산업의 발달 등 여러 가지 이유로 지구의 온도가 높아지는 현상을 지구 온난화라고 하죠? 그리고 이산화 탄소가 지구의 온도를 높이는 데 영향을 미친다는 이야기도 들어봤을 겁니다. 그런데 지구 온난화를 일으키는 데 이산화 탄소보다 더 큰 영향을 미치는 기체가 있어요. 바로 메탄가스예요. 이 메탄가스는 주로 소의 트림이나 방귀, 배설물에서 발생해요.

'소가 얼마나 많다고 소에서 나오는 메탄가스가 지구 온난화에 큰 영향을 미친다는 것이지?'라고 생각할 수도 있을 것 같아요. 과거에는 소가 귀해서 소고기를 쉽게 먹을 수 없었지만 요즘은 상대적으로 급식이나 가정에서 저렴하게 소고기를 먹을 수 있게 되었어요. 그 이유는 '공장식 축산'이라는 방법 때문이에요. 공장식 축산은 정해진 면적에 소, 돼지, 닭 등의 동물을 최대한 많이 키우는 방법이에요. 게다가 소를 많이 키우게 되면 소가 먹는 사료와 물의 양도 많이 필요하게 되겠지요. 대표적으로 지구에서 키우는 곡물의 75%, 지구에 존재하는 먹는 물의 70%가 소

나 돼지, 닭 등을 기르기 위한 음식으로 사용된다고 해요.

하지만 곤충을 기르는 데는 사료, 물의 양이 매우 적게 필요해요. 고기보다 단백질도 풍부한데다 자원을 아낄 수 있는 곤충을 음식의 재료로 사용하다니, 정말 멋지지요! 오늘 우리 지구초 학생들이 곤충 음식을 먹어보면서 '우리가 좋아하는 음식만 먹어야 하는 것이 급식일까?', '급식을 통해서 지구 환경을 더 낫게 만들 수는 없을까?' 한 번쯤 생각해보면 좋겠어요. 그리고 급식 미션이 있답니다! 여러분의 SNS에 오늘의 급식 후기를 올려 주세요. 멋지게 작성한 학생들에게 급식실에서 준비한 상품이 있으니 많은 참여 바랍니다! 오늘 급식 시간에 만나요. 안녕!

글쓰기에 힘이 되는 **배경 지식 알아보기**

소, 돼지, 닭으로부터 우리가 정말 좋아하는 고기들을 얻어요. 그런데 이러한 가축을 많이 기르게 되면 지구 온난화가 더 빨리 진행될 수 있다고 해요. 하지만 맛있는 고기를 포기하는 것은 쉽지 않아요. 그래서 과학자들이 지구 환경을 적게 파괴하면서 고기의 맛을 낼 수 있는 대체육을 개발했답니다. 3D 프린터로 고기를 출력한다고 하는데, 심지어 내가 직접 고기의 모양과 지방의 비율까지도 조절할 수 있다고 해요.

그렇다면 3D 프린터란 무엇일까요? 여러분이 잘 알고 있는 프린터는 잉크로 종이 위에 그림, 글 등을 평면에 인쇄하는 것이지요. 3D 프린터는 플라스틱, 종이, 고무, 식품 등을 잉크처럼 활용해서 실제 만져볼 수 있고, 먹을 수 있는 입체 형태로 만들어내요.

3D 프린터로 고기를 어떻게 출력할까요? 완두콩이나 병아리콩처럼 단백질이 풍부한 식물성 재료를 3D 프린터에 넣고, 지방, 마블링의 비율을 컴퓨터로 조절해서 차곡차곡 층층이 출력해 만든다고 해요. 심지어 먹어본 사람들의 말로는 실제 고기와 비슷한 맛이 나고 모양은 더욱 똑같다고 합니다.

동물을 기르는 과정에서 발생하는 메탄가스를 줄일 수 있고, 과도하게 낭비되는 물과 사료용 곡물의 생산도 줄일 수 있다니! 음식으로도 지구 온난화를 막을 수 있네요!

오늘의 과학 글쓰기

글쓰기를 준비해요!

시미쌤의 과학 이야기를 읽고 난 뒤 돈가스와 곤충 돈가스 중 더 적절한 곳에 ○ 표시를 해봅시다.

	곤충 돈가스	돈가스
① 단백질, 미네랄, 섬유질이 더 많이 있는 음식에 ○ 표시를 해봅시다.		
② 우리 몸에 나쁜 영향을 미치는 불포화 지방이 더 많이 있는 음식에 ○ 표시를 해봅시다.		
③ 곤충이나 소를 기르는 과정에서 메탄가스를 많이 방출하는 음식에 ○ 표시를 해봅시다.		
④ 곤충이나 소를 기르는 과정에서 물을 적게 사용하는 음식에 ○ 표시를 해봅시다.		
⑤ 곤충이나 소를 기르는 과정에서 사료용 곡물을 더 많이 소모하는 음식에 ○ 표시를 해봅시다.		

소개하는 글쓰기에 대해 알아볼까요?

오늘은 얼핏 보면 낯설게 보이는 음식인 곤충 돈가스와 곤충 어묵을 소개하는 글을 써봅시다. 소개하는 글의 핵심은 글을 읽는 사람을 충분히 생각해보는 것이에요.

여러분과 시미쌤은 이제 곤충 돈가스와 곤충 어묵에 대해서 잘 알지만 이 글을 읽는 사람은 아마 곤충 대체 음식이 매우 낯설 거예요. 이럴 땐 많은 이야기를 억지로 전달하는 것보다 여러분이 생각하기에 꼭 알려 주고 싶은 내용, 중요하다고 생각하는 내용만 골라서 전달해도 충분해요.

답 ① 곤충 돈가스, ② 돈가스, ③ 돈가스, ④ 곤충 돈가스, ⑤ 돈가스

지미, 요미, 토미는 SNS에 오늘 급식으로 나온 곤충 돈가스와 곤충 어묵에 대한 게시물을 올리려고 해요. '곤충 대체 음식'에 대해 다른 학교 학생들에게 알려 주는 게시물을 그림과 함께 적어보세요.

곤충 돈가스와 곤충 어묵이 급식에서 어떻게 나왔을지 상상해서 그려 주세요!

곤충 돈가스와 곤충 음식이 무엇인지, 왜 개발되었는지를 간단하게 설명해 주세요.

해시태그를 남겨 주세요 #곤충 #학교급식 #   #   #

05 일차

곤충으로 음식물 쓰레기를 분해한다고?

글쓰기한 날짜
　월　　일 (　요일)

글쓰기 종류 정보 전달 글쓰기

#동애등에　　#음식물쓰레기
#퇴비　　#사료

오늘의 글쓰기 상황

지미는 여러 집안일 중에서 음식물 쓰레기 치우는 일을 주로 도와요. 음식물 쓰레기를 치우는 것이 편한 일은 아니지요. 그러다 문득 '사람이 일일이 버리지 않아도 자동으로 음식물 쓰레기가 사라지는 방법은 없을까?'라는 궁금증이 생겼어요. 그런데 음식물 쓰레기를 편리하고 깔끔하게 처리할 수 있는 방법이 있다고 해요. 바로 음식물 쓰레기를 섭취하고 분해하는 생물인 동애등에를 이용하는 방법이죠. 분해 산물은 사료, 퇴비로 만들어 동물의 음식이 되고, 게다가 음식물 쓰레기 처리 비용까지 절감된대요.

시미쌤의 과학 이야기

지미네 가족은 저녁을 먹고 난 뒤 종종 함께 뉴스를 봐요. 오늘따라 뉴스 속 기자의 발표가 귀에 쏙 들어왔어요.

"매년 전 세계적으로 13억 톤의 식량이 낭비되고 있습니다. 그런데 이는 인간이 섭취하기 위해 생산되는 모든 음식의 3분의 1 수준이라고 하는데요. 특히 이렇게 음식이 많이 낭비되면 자연스럽게 음식물 쓰레기도 많아질 수밖에 없죠. 음식물 쓰레기를 처리하는 데는 지구가 더워지는 데 큰 영향을 주는 온실가스가 많이 발생합니다. 대표적인 온실가스에는 이산화 탄소와 메탄가스가 있습니다.

음식물 쓰레기가 생기는 과정을 자세히 살펴볼까요? 음식을 만들기 위해서는 과일, 채소, 고기 등의 재료를 차량으로 운반해야 하는데, 운송 과정에서 상당한 양의 이산화 탄소가 발생합니다. 그리고 음식물 쓰레기를 제대로 처리하지 못하고 오래 두면 쓰레기가 썩으면서 메탄가스가 무척 많이 발생합니다. (중략)"

사실 오늘따라 지미가 음식물 쓰레기 뉴스를 그냥 지나치지 못한 이유가 있답니다. 지미는 오이 냄새를 싫어해서 학교 급식에 나온 오이무침을 먹지 않고 버렸어요. 이 뉴스를 듣고 나니 음식물을 버린 것이 더욱 마음에 걸렸어요. 지미의 마음을 알아채신 어머니께서 이런 말씀을 해 주셨어요.

"지미야, 오늘 급식에 나온 오이를 먹지 않고 버린 것이 마음에 걸리니? 물론 뉴스에서는 음식물 쓰레기와 지구 온난화의 심각성을 강조해서 말했지만 요즘에는 음식물 쓰레기를 처리하는 데 환경을 덜 오염시킬 수 있는 방법도 있단다. 요즘 많은 음식물

쓰레기 처리장에서 그 방법을 사용한다고 하는구나."

"엄마, 무슨 방법인데요?"

"바로 동애등에라는 곤충을 활용하는 것이지. 이름이 조금 낯설지? 동애등에는 파리의 일종인데 언뜻 보면 벌처럼 생겼단다. 사실 많은 사람들이 동애등에가 음식물 쓰레기 주위에 많이 살아서 더러운 해충이라고 오랫동안 생각했었어. 그런데 동애등에의 삶을 잘 살펴보니 사람이 먹다 남은 음식물을 먹으며 자란다는 걸 알게 되었지. 어린 동애등에 1만 마리는 5일 동안 무려 20kg의 음식물 쓰레기를 처리한다고 해. 4인 가족이 20일 동안 버리는 음식물 쓰레기 양을 일주일도 안되어 처리하는 거지. 그리고 열심히 음식물 쓰레기를 먹고 자란 동애등에는 영양분이 정말 많아서 아주 좋은 사료로 사용된대. 실제로 강아지나 닭이 단백질이 부족한 경우에는 다 자란 동애등에를 이용해서 만든 사료를 먹는대."

"와, 엄청 대단하다! 엄마, 그런데 동애등에는 음식물 쓰레기를 먹고 난 뒤 찌꺼기 같은 것은 그냥 버리는 거예요? 그럼 쓰레기가 또 생길 텐데…."

"그 부분은 걱정할 필요가 없어. 동애등에도 생명체라서 우리랑 비슷해. 우리도 음식을 먹고 나면 화장실에 가서 오줌이나 똥을 배출하지? 마찬가지야. 동애등에도 음식물을 먹고 난 뒤 분변토라는 것을 배출하는데, 그 분변토에는 영양분이 아주 풍부하게 들어있대. 이걸 모아서 식물이 잘 자랄 수 있도록 돕는 퇴비로 사용하지."

지미는 급식 시간에 먹지 못하는 음식이 있다면 눈치 보지 않고 영양사 선생님께 꼭 말씀드려야겠다고 생각했어요. 그리고 보잘것없는 생명체라고 무시당하던 동애등에가 이렇게 멋진 역할을 한다는 점도 대단하다고 생각했어요.

글쓰기에 힘이 되는 배경 지식 알아보기

동애등에의 놀라운 활약으로 음식물 쓰레기도 처리되었고, 남은 동애등에의 분변은 식물이 잘 자랄 수 있도록 도와주는 퇴비가 되었죠. 무엇 하나 버릴 것이 없는 동애등에가 정말 멋졌어요.

미생물을 활용한 쓰레기 처리 방법은 특히 농업 분야에서 적극적으로 활용되고 있어요. 최근 우리나라는 기후 변화로 인해 적도나 아열대 지역처럼 더운 곳에서 살던 해충들이 많아졌지요. 이로 인해 농작물이 잘 자라지 못하는 경우도 많이 생겼어요. 그래서 우리나라에서도 농작물이 잘 자라게 도와주는 미생물에 대한 관심이 더욱 높아지고 있어요. 농촌 진흥청에서는 연구할 만한 가치가 있는 미생물을 모아서 그 역할을 탐구하는 '미생물 은행'을 설립하려고 노력 중이라고 해요. 작아서 보이지 않는다고 미생물이 작은 역할을 하는 것이 아니랍니다. 앞으로 미생물의 활약을 지켜봅시다!

오늘의 과학 글쓰기

글쓰기를 준비해요!

음식물 쓰레기 주변에서 윙윙 날아다니던 생명체이자 보잘것없는 곤충이라고 생각했던 동애등에가 이런 멋진 일을 해낸다니 참 대단하죠. 시미쌤과 함께 오늘 동애등에에 대한 여러 이야기를 함께 살펴봤어요. 앞서 읽은 글을 바탕으로 동애등에에 대한 마인드맵을 한번 채워보세요.

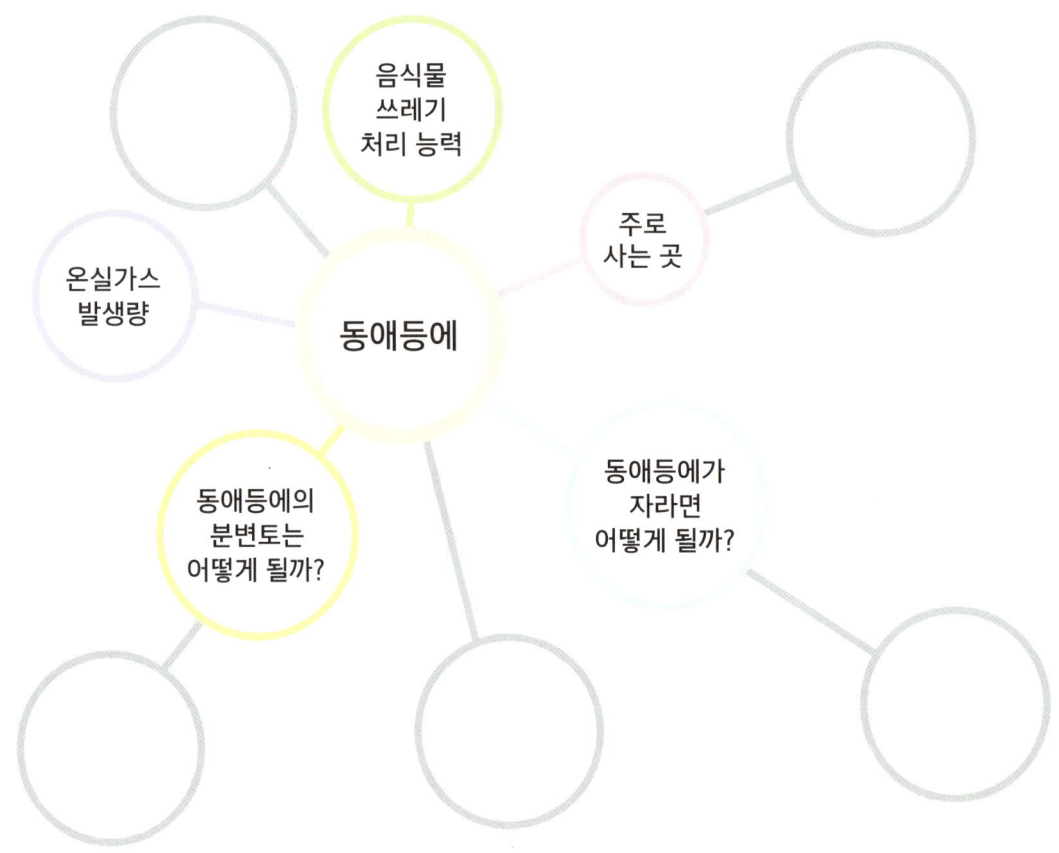

정보 전달 글쓰기에 대해 알아볼까요?

오늘은 음식물 쓰레기를 처리하는 놀라운 능력을 갖춘 동애등에에 대해서 시미쌤과 함께 알아봤어요. 여러분은 전보다 동애등에에 대해서 좀 더 잘 알게 되었으니 동애등에를 소개하는 글도 잘 쓸 수 있다고 생각해요. 동애등에는 살아있는 생물이기에 어디에서 사는지, 어떤 환경에서 자라는지를 먼저 소개하는 것이 좋아요.

| 함께 써볼까요? | **동애등에를 소개하는 글쓰기**

앞에서 써본 마인드맵을 바탕으로 동애등에를 소개하는 글쓰기를 해볼게요.

글을 쓰면서 잊지 말아야 할 중요한 점을 알려 줄게요. 여러분의 글에 다음의 내용이 포함되었는지 체크 표시를 해보세요.

- [ ] 과학 이야기와 마인드맵을 참고해서 동애등에가 어디에 사는지 설명해요.
- [ ] 과학 이야기와 마인드맵을 참고해서 동애등에가 음식물 쓰레기를 얼마나 잘 처리하는지 정리해요.
- [ ] 동애등에가 환경에 어떤 긍정적인 역할을 할지 생각을 정리해 써요.

---

① 동애등에가 주로 사는 곳이 **어딘지** 소개해 주세요.

② 동애등에의 특징을 차근차근 소개해 주세요.

STEP 1 동애등에가 음식물 쓰레기를 **얼마나 잘 처리하는지** 떠올려봅시다.

STEP 2 동애등에가 다 자라면 **어떻게 될지** 떠올려봅시다.

STEP 3 동애등에의 분변토는 **어떻게 사용되는지** 떠올려봅시다.

③ 동애등에를 사용한다면 **어떤 장점**이 있을지 생각해봅시다. 질문이 어렵다면 음식물 쓰레기를 땅에 그냥 묻으면 환경에 얼마나 나쁜 영향을 미치는지 생각해봐도 좋습니다.

06 일차

미생물로 우유를 오래 보관할 수 있다고?

글쓰기한 날짜
◯ 월 ◯ 일 (◯ 요일)

글쓰기 종류 설명하는 글쓰기

#파스퇴르
#저온살균법 #변질

오늘의 글쓰기 상황

지미, 요미, 토미네 가족은 서로 친해서 종종 캠핑도 함께 갑니다. 여름에 세 친구가 캠핑을 가면 항상 하는 일이 있어요. 바로 텐트 안에 누워서 아이스크림을 함께 나눠 먹는 것이에요. 파스퇴르라는 과학자가 없었다면 멀리 캠핑을 와서 아이스크림을 나눠 먹는 일은 상상도 할 수 없다고 하네요. 파스퇴르 덕분에 우리가 아이스크림, 우유를 안전하게 먹을 수 있게 되었고, 질병을 미리 예방할 수 있는 백신도 널리 퍼지게 되었다고 해요. 파스퇴르에 관한 이야기를 한번 들어볼까요?

시미쌤의 과학 이야기

지미, 요미, 토미는 항상 아침에 만나서 같이 등교를 해요. 그런데 오늘따라 요미가 약속 장소에 나타나지 않았어요. 요미가 걱정된 친구들이 집으로 찾아 갔더니 요미 어머니께서 요미가 상한 음식을 먹고 배탈이 나서 오늘 학교에 못 간다고 하셨어요. 그리고 지미와 토미에게 더운 여름일수록 음식이 잘 상할 수 있으니 꼭 주의해서 음식을 먹어야 한다고 말씀해 주셨어요. 지미는 학교에서 돌아온 뒤 아침에 식탁 위에 놓아두었던 우유를 자연스럽게 먹으려고 했지요. 그런데 '아, 요미 어머니께서 더운 여름일수록 음식이 상할 수도 있다고 하셨어. 여름에는 냉장고에 들어 있는 음식 위주로 먹어야겠다. 그런데 냉장고가 없던 과거에는 음식이 상하지 않도록 어떻게 보관했을까?'라는 생각이 머릿속을 스쳐 지나갔어요.

실제로 냉장고가 없었던 과거에는 음식을 오랫동안 보관하는 것이 무척 어려웠어요. 냉장고가 발명되기 전인 19세기 후반에는 음식을 오랫동안 보관하기 위해서 소금이나 식초에 음식을 절여두는 절임, 연기에 익혀 말리는 훈연, 바람을 이용해서 음식을 말리는 건조 방식을 주로 사용했어요. 하지만 이런 방법들로 보관하기에 효과적인 음식도 있었지만 우유, 포도주, 주스 같은 액체의 경우에는 오래 보관하는 것이 정말 어려웠지요. 하지만 지금은 액체 음료를 꽤 오랫동안 보관할 수 있는데, 그건 루이 파스퇴르가 발명한 기술 덕분이에요. 루이 파스퇴르가 살던 프랑스의 황제, 나폴레옹 3세에게는 큰 고민이 있었어요. 바로 프랑스 지방에서 생산한 포도주를 다

른 유럽 국가에 수출하고 싶었어요. 하지만 더운 여름 날씨에는 포도주의 맛과 향이 금세 변해 버린다는 문제가 있었어요. 그래서 황제는 프랑스에서 가장 유명하고 존경받는 과학자인 파스퇴르에게 이렇게 부탁했어요.

"파스퇴르, 포도주의 맛과 향이 최대한 늦게 변할 수 있는 기술을 발명해 주시오."

황제의 명령으로 파스퇴르는 현미경으로 포도주를 꼼꼼히 살펴보기 시작했어요. 포도주가 변해가는 과정을 관찰한 결과, 평소에 관찰하지 못했던 세균이 보였지요. 파스퇴르는 이 세균을 없애면 포도주의 맛과 향이 변하는 시간을 늦출 수 있겠다고 생각했어요. 그리고 어떻게 하면 이 세균을 없앨 수 있을지 고민했어요. 물론 파스퇴르는 포도주를 끓이면 세균이 사라진다는 것을 알고 있었어요. 하지만 끓인 포도주는 판매할 수 없기에 다른 방법을 생각해야 했죠. 그 순간 파스퇴르의 머리를 번뜩 스치는 생각이 있었어요.

'포도주를 끓여서 세균을 모두 죽일 수는 없지.
세균이 자라는 데 도움을 주는 영양분을 없애면 세균이 자랄 수가 없겠구나!'

파스퇴르는 세균이 자라는 데 도움을 주는 영양분이 63~65℃에서 그 역할을 제대로 하지 못한다는 것을 발견했지요. 결국 파스퇴르는 포도주와 같은 액체를 끓이지 않고 적당히 높은 온도인 63~65℃에서 30분간 가열하면 세균은 죽이고 포도주의 맛과 향이 오랫동안 유지될 수 있다는 것을 알게 되었어요. 오늘날 이와 같은 살균 방법을 '저온 살균법'이라고 부르기도 하고, 발견한 사람의 이

름을 따서 '파스퇴르 공법'이라고도 한답니다. 이 방법을 포도주에만 쓰는 것이 아니라 여러 음식들을 보관할 때도 사용할 수 있어요. 젖소로부터 갓 짜낸 우유에는 어쩔 수 없이 세균과 같은 미생물이 존재해요. 그래서 우유를 오랫동안 보관하고, 우유가 상하지 않도록 저온 살균법을 활용해요. 파스퇴르가 개발한 저온 살균법 덕분에 우리는 오래 보관하기 어려웠던 우유, 주스 등의 액체를 보다 안전하게 먹을 수 있게 되었어요.

물론 저온 살균법을 사용한다고 해도 음식이 절대 상하지 않는 것은 아니에요. 음식을 오랜 시간 밖에 두면 세균이 자라는 데 도움을 주는 영양분들이 다시 활동하게 되면서 조금 남아 있던 세균과 같은 미생물의 숫자가 빠르게 늘어나요. 그렇게 우유, 주스 등의 맛과 향이 변하고 상하게 되지요.

글쓰기에 힘이 되는 **배경 지식 알아보기**

> 파스퇴르는 프랑스 국민들이 매우 존경하는 과학자이자, 노벨상을 가장 먼저 받아야 할 사람이라고 노벨상을 만든 알프레드 노벨이 직접 말한 사람이기도 하죠. 파스퇴르는 진심으로 미생물을 사랑했어요. 파스퇴르의 미생물 사랑은 맥주의 발달에도 큰 영향을 끼쳤답니다.
>
> 맥주는 보리를 가공한 맥아를 발효시켜 맛을 내는 술이에요. 발효라는 말이 좀 어렵나요? '발효'는 술, 된장, 간장, 치즈, 김치 등을 만드는 데 꼭 필요한 과정이에요. 맥주를 예로 들면, 효모라는 작은 미생물이 보리를 분해해서 이산화 탄소, 알코올을 만들어내는 과정으로 만들어져요. 그래서 맥주를 따르면 보글보글 거품이 올라오는 거예요. 그 거품이 발효의 결과로 만들어진 이산화 탄소예요.
>
> 맥주는 고대 이집트 시대부터 만들어 먹고 마셨지만, 맥주를 만드는 데 꼭 필요한 미생물인 효모에 대해서는 아무도 몰랐어요. 그저 조상들이 이렇게 맥주를 만들어왔으니까 따라서 만들었던 것이지요. 하지만 미생물을 사랑했던 과학자, 파스퇴르는 맥주가 만들어지는 과정에 효모라는 미생물이 큰 역할을 한다는 것을 발견했고, 그 덕분에 공장에서 맥주를 대량으로 생산할 수 있게 되었어요.

글쓰기를 준비해요!

오늘은 과거에 오랫동안 보관하기 어려웠던 포도주, 우유, 주스와 같은 액체를 오래 보관할 수 있는 기술을 발명한 파스퇴르에 대해 알아봤어요. 그렇다면 오늘 글을 읽고 파스퇴르에 대해서 마인드맵에 정리해볼까요?

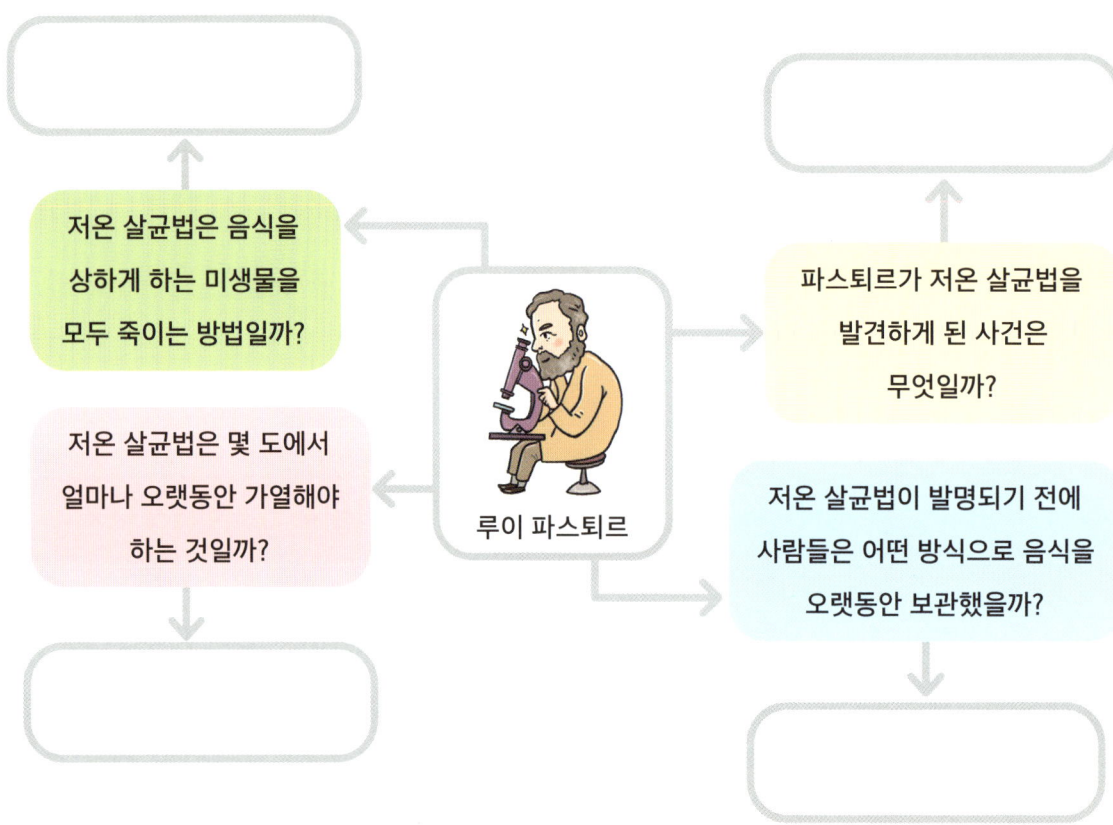

설명하는 글쓰기에 대해 알아볼까요?

설명하는 글을 쓰는 연습은 과학 글쓰기에서 가장 중요해요. ==과학자들은 보통 새롭게 알게 된 중요한 사실을 다른 사람에게도 알려 주기 위해서 설명하는 글을 가장 많이 써요.== 여러분도 뉴스나 인터넷에서 "○○○ 교수가 ○○○에 대한 논문을 발표하였습니다."라는 소식을 들어본 적이 있을 거예요. 논문도 설명하는 글 중에 하나지요.

| 함께 써볼까요? | 파스퇴르와 저온 살균법에 관해 설명하는 글쓰기

글을 쓰면서 잊지 말아야 할 중요한 점을 알려 줄게요. 여러분의 글에 다음의 내용이 포함되었는지 체크 표시를 해보세요.

☐ 과학 이야기와 마인드맵을 참고해서 저온 살균법이 가지는 장점이 무엇인지 정리해 설명해요.

☐ 과학 이야기와 마인드맵을 참고해서 저온 살균법이 어떤 영향을 주었는지 설명해요.

① 파스퇴르가 **누구**인지 설명해 주세요.

② 파스퇴르가 **왜** 저온 살균법을 발견하게 되었는지 설명해 주세요.

STEP 1 저온 살균법이 발명되기 전에 사람들이 사용하던 음식 보관 방식을 떠올려 봅시다.
STEP 2 프랑스 왕실의 어떤 문제를 해결하기 위해 저온 살균법을 발명하게 되었는지 떠올려 봅시다.

③ 저온 살균법이 무엇인지 **구체적으로** 설명해 주세요.

TIP! 구체적인 숫자가 기억난다면 함께 작성해도 좋아요.

④ 저온 살균법은 사람들에게 어떤 **긍정적인 영향**을 줬는지 설명해 주세요.

TIP! 저온 살균법이 없으면 얼마나 불편할지 생각해봐도 좋아요.

1장 미생물과 곤충

2장

내 몸

#당뇨 #소화 #항생제
#호르몬 #동물실험

난이도 ★★
어렵지 않게 할 수 있어요

교과서 찾아보기

5학년 과학 다양한 생물과 우리 생활
6학년 과학 우리 몸의 구조와 기능

시미쌤은 어렸을 때도, 지금도 우리 몸에 대해서 궁금한 점이 정말 많아요. 예를 들면 '조금 전에 밥을 먹었는데 왜 또 배가 고플까?', '빵을 먹으면 몇 시간 뒤에 몸 밖으로 배출될까?' 등 셀 수도 없이 많은 것들이 궁금해요. 여러분도 시미쌤처럼 우리 몸에 대해서 궁금한 점들이 많을 것 같아요. 이번 장에서는 시미쌤이 여러분의 마음에 잠깐 들어갔다 나온 뒤, 여러분이 궁금해할 것 같은 우리 몸에 관한 질문을 가져왔어요. 시미쌤과 우리 몸에 관한 많은 이야기를 읽어보고 여러분이 직접 글로 정리해볼 거예요. 준비됐나요?

07 일차

먹어도 먹어도 배가 고프다고?

글쓰기한 날짜
　　월　　일 (　　요일)

글쓰기 종류 설명하는 글쓰기

#당뇨병　#당분
#염분　#건강한식생활

오늘의 글쓰기 상황

지미의 언니는 요즘 짭짤한 감자칩 위에 달달한 초코 아이스크림을 올려서 먹는 것을 정말 좋아해요. 언니는 지미에게 항상 달면서도 짠 '단짠단짠'이 최고의 음식 조합이라고 말해요. 이렇게 단짠단짠 음식을 좋아하던 지미의 큰 언니가 요즘 좀 이상해요. 아무리 많이 먹고 나서도 돌아서면 금세 배가 고프고, 끊임없이 잠이 오기도 하고 물도 많이 마신다고 하는데요. 지미의 언니에게 혹시 무슨 일이 생긴 것은 아닐까요?

시미쌤의 과학 이야기

"초콜릿 없이는 못 살아. 정말 못 살아! 룰루룰루! 초콜릿 먹고 난 뒤에는 짭조름한 감자칩이 최고지!"

지미의 언니는 몇 개월째 초콜릿과 감자칩을 입에 달고 살고 있어요. 지미는 신선한 채소나 과일을 잘 먹지 않고 단 음식과 짠 음식만 먹는 언니의 건강이 걱정되었지요. 하지만 그런 음식이 우리 몸에 어떤 영향을 주는지 잘 모르기 때문에 언니에게 그만 먹으라고 말하기가 참 어려웠어요. 엄마도 마찬가지였지요. 언니에게 건강한 음식을 먹자고 계속 조언했지만, 왜 초콜릿과 감자칩을 많이 먹으면 안 되는지 제대로 설명할 수 없었어요. 지미와 엄마는 언니의 나쁜 식습관을 고치기 위해 음식과 몸에 대해 공부하기로 했어요. 도서관에서 책도 빌려보고 병원에서 의사 선생님께 여쭈어보기도 하면서 언니 식습관의 핵심은 **당분**과 **염분**이라는 것을 알게 되었어요.

당분과 염분이 우리 몸에 아예 없다면 건강하게 지내기 어려워요. 당분이라고 하면 설탕 덩어리라고 생각하는 경우가 많은데, 사실 당분은 탄수화물을 뜻해요. 그러니까 우리가 좋아하는 밥과 빵도 당분의 한 종류라는 것이지요. 우리 몸이 생명을 유지하려면 에너지가 필요해요. 하루에 필요한 에너지의 절반 이상이 당분을 통해 채워져요. 몸에 당분이 없다면 힘차게 하루를 살아가는 것 자체가 힘들어요.

그렇다면 언니가 좋아하는 초콜릿을 많이 먹어도 괜찮지 않을까요?

그건 아니랍니다. 당분은 크게 몸에 좋은 당, 나쁜 당 두 종류로 나눌 수 있어요. 몸에 나쁜 당을 현미경으로 자세히 살펴보면 단순하게 생겼어요. 그래서 과학자들은 단순당이라고 불러요. 단순당은 우리 몸에 빠르게 흡수되고 분해도 빨리 돼요. 그렇기 때문에 단순당을 먹으면 우리 몸속의 당분 수치가 너무 빠르게 올라가고 내려가요. 마치 롤러코스터처럼요. 지미의 언니처럼 초콜릿을 자주 먹으면 결국 우리 몸은 건강하다고 느끼는 당분 수치를 잊고 말아요.

우리 몸은 건강한 상태를 지속하려는 특성이 있어요. 그런데 지미의 언니처럼 우리 몸이 건강하다고 느끼는 당분 수치를 완전히 잊게 되면 어떻게 될까요? 지미의 언니 몸이 건강하지 않게 되겠지요. 우리 몸이 당분을 제대로 조절하지 못하는 병을 '당뇨병'이라고 불러요. 보통 사람들은 오줌에서 당분이 검출되지 않는데, 당뇨병에 걸린 사람은 몸속에 당분이 차고 넘쳐 오줌에도 당분이 발견됩니다. 이 병을 오래 앓게 되면 심장, 뇌, 손발 끝에 연결된 혈관에 문제가 생길 수 있어요. 또는 시력을 잃거나 발가락이나 손가락이 썩게 될 수도 있어요. 듣기만 해도 정말 끔찍하죠? 그렇다면 몸에 나쁜 단순당 말고 어떤 음식을 먹으면서 우리 몸에 필요한 당분을 공급하면 좋을까요? 우리 몸에서 천천히 흡수되고 분해도 느린 복합당이 좋아요. 복합당이 들어간 대표적인 음식으로는 잡곡, 채소, 미역, 보리 등이 있어요.

지미의 언니는 염분이 높은 음식도 좋아하죠. 우리 몸에 염분이 아예 없으면 우리 몸은 건강하게 살지 못해요. 특히 염분이 정상 수치보다 낮으면 우리 몸은 위험 신호를 보내요. 우리 몸속에 침입한 나쁜 세균들도 제대로 죽이지 못하고, 심지어 우리 몸

의 정상 체온인 36.5℃도 유지하기 힘들어져요. 당분처럼 염분도 많이 먹으면 우리 몸에 좋지 않겠죠? 특히 짠 음식을 반복적으로 먹으면 위가 많이 상해요. 짠 음식이 오랫동안 위를 자극하게 되고 위 보호막이 파괴되어 심한 경우 위에 구멍이 나기도 해요. 그래서 짠 음식을 좋아하는 사람들은 위염을 달고 살게 되지요. 위염을 오랫동안 방치하면 위암에 걸릴 확률도 더 높아진다고 해요. 뭐든지 우리 몸을 위해서는 적당히 먹는 것이 중요한 것 같아요. 오늘 알게 된 내용을 언니에게 꼭 전달해야겠어요!

글쓰기에 힘이 되는 배경 지식 알아보기

당뇨병이 현대에 등장한 질병처럼 보이지만 사실은 그렇지 않답니다. 당뇨병은 조선 시대에도 끊임없이 물을 마시는 질병이라고 하여 '소갈증'이라고 불렀어요. 심지어 세종대왕은 당뇨병 때문에 돌아가셨죠. 당뇨병에 한 번 걸리면 서서히 죽음에 이르는 질병이라고 여겨 사람들이 매우 무서워했어요. 하지만 요즘에는 달라요. 많은 연구를 통해 당뇨병을 치료할 수 있는 약이 아주 잘 나와 있어요. 바로 여러분도 한 번쯤 들어 봤을 '인슐린'이에요.

그렇다면 당뇨병을 치료할 수 있는 방법을 발견한 사람은 누구일까요? 최연소 노벨생리의학상을 수상했던 캐나다의 의사 프레더릭 벤팅이랍니다. 벤팅은 당뇨병에 관한 연구를 하고 싶었지만 교수가 아니어서 연구실을 얻기가 어려웠어요. 하지만 벤팅의 스승님이 적극적으로 벤팅을 지지했어요. 드디어 벤팅은 실험을 통해 몇 달 만에 당뇨병을 치료할 수 있는 물질을 발견했어요. 1922년 당뇨병으로 죽음이 가까웠던 14살 소년 톰슨이 처음으로 주사를 맞고 몇 주 만에 건강을 회복했어요. 벤팅은 이 물질을 제약회사에 아주 비싼 값으로 팔아서 큰돈을 챙길 수도 있었지만, 많은 사람에게 치료 기회를 주는 것이 더 중요하다고 생각했어요. 그래서 당뇨병 환자들을 위해 단돈 1달러 50센트에 인슐린을 토론토 대학에 팔았어요.

오늘의 과학 글쓰기

글쓰기를 준비해요!

과학 이야기를 읽고 난 뒤, O/X 퀴즈를 풀어봅시다.

① 당분이라고 하면 흔히 소금 덩어리를 의미한다. (O / X)

② 초콜릿은 단순당의 한 종류인데, 우리 몸에서 천천히 흡수되고 분해도 느리다. (O / X)

③ 잡곡빵은 복합당의 한 종류인데, 우리 몸에 빠르게 흡수되고 분해도 빨리 된다. (O / X)

④ 당뇨병에 걸린 사람은 몸속에 당분이 차고 넘쳐 오줌에서도 당분이 검출되는데, 이 병을 오래 앓게 되면 심장, 뇌, 손발 끝에 연결된 혈관에 문제가 생길 수도 있다. (O / X)

⑤ 적당한 양의 염분은 우리 몸이 제대로 기능하기 위해 꼭 필요하고, 염분이 정상보다 낮으면 우리 몸속에 침입한 나쁜 세균들을 제대로 죽이지 못할 수도 있다. (O / X)

당분과 염분에 관해 설명하는 글쓰기에 대해 알아볼까요?

오늘은 시미쌤과 함께 우리 삶에 떼려야 뗄 수 없는 두 성분인 당분과 염분에 관한 이야기를 살펴봤어요. 여러분도 당분은 단맛, 염분은 짠맛이라는 정도는 이미 알고 있었겠지만 당분과 염분에 관해 새롭게 알게 된 이야기가 많지요? ==오늘은 당분과 염분을 많이 먹어서 몸에 문제가 생길 수도 있다는 것을 설명하는 글을 쓰려고 합니다.== 당분이 무엇인지, 염분이 무엇인지 알려 주는 것도 좋지만 당분과 염분이 과다하면 우리 몸에 왜 좋지 않은지 그 이유를 설명하는 것을 잊지 마세요!

정답 ① X ② X ③ X ④ O ⑤ O

함께 써볼까요? 　건강한 식습관에 대해 설명하는 편지 쓰기

언니가 좋아하는 음식인 초콜릿과 감자칩을 먹으며 행복해하는 모습을 보는 것도 좋지만, 언니의 건강을 생각해서 건강한 식습관을 가졌으면 좋겠다고 진심으로 편지를 써보세요. 오늘 읽은 과학 이야기를 생각하며 어떻게 식습관을 바꿔야 할지 구체적으로 적는다면, 언니의 식생활도 좀 더 건강하게 변할 것이라고 생각해요.

수미 언니에게

언니! 맨날 집에서 보는데 이렇게 편지를 쓰려니 좀 낯선 것 같아. 사실 언니에게 꼭 알려 주고 싶은 이야기가 있어서 편지를 써. 요즘 언니가 달고 짠 음식을 많이 먹는 게 걱정이 돼서 얼마 전에 엄마와 같이 도서관에 가서 공부도 하고, 옆집 의사 선생님께 여쭤봤어. 언니가 매일 같이 먹는 초콜릿 묻은 감자칩이 몸에 정말 안 좋은 것 같아. 초콜릿 묻은 감자칩 먹는 것을 조금 줄였으면 좋겠어. 우선 **당분**을 많이 섭취하면 **왜** 몸에 좋지 않은지 설명해 줄게.

―――――――――――――――――――
―――――――――――――――――――
―――――――――――――――――――
―――――――――――――――――――

그리고 **염분**도 너무 많이 먹으면 몸에 좋지 않다고 배웠어. **왜** 그런지 설명해 줄게.

―――――――――――――――――――
―――――――――――――――――――
―――――――――――――――――――

앞으로는 좀 더 건강하고 행복하게 언니랑 계속 지냈으면 좋겠어서 이렇게 편지를 써. 언니, 오늘 하루도 행복하게 보내!

언니의 동생 지미가

08일차

우리 몸속을 볼 수 있다고?

글쓰기한 날짜
○ 월 ○ 일 (○ 요일)

글쓰기 종류 정보 전달 글쓰기

#소화기관 #내시경 #소화

오늘의 글쓰기 상황

요즘 토미는 우리 몸에 대해서 궁금한 점이 많아요. 특히 내 눈으로 직접 보기 어려운 우리 몸 안에서 어떤 일이 일어나는지 많이 궁금해요. 오늘 아침 토미는 엄마, 아빠와 함께 의사 선생님의 특강을 들으러 갔어요! 의사 선생님께서는 특별히 토미와 친구들을 위해서 생생한 영상을 준비하셨답니다. 음식을 먹고 난 뒤, 우리 몸에서 어떤 일이 일어나는지 정말 궁금하네요!

시미쌤의 과학 이야기

토미는 떨리는 발걸음을 애써 참으며 강연장에 도착했어요. 토미의 엄마는 토미에게 이렇게 말씀하셨어요.

"요즘 세상이 진짜 좋아진 것 같네. 엄마도 어릴 적에 우리 몸에서 일어나는 일이 정말 궁금했었는데, 그때는 딱히 알 방법이 없었단다. 그런데 이렇게 의사 선생님께서 오셔서 실제로 우리 몸속을 자세히 촬영한 영상까지 보여주시다니! 엄마도 덩달아 궁금해지네."

엄청난 박수 갈채를 받으며 의사 선생님께서 강연장에 오셨어요. 토미는 의사 선생님께서 하시는 말씀을 놓치지 않고 들으려고 귀를 쫑긋 세웠어요.

내 몸에서 가장 처음 만나는 곳은 식도예요. 식도는 음식물이 지나가는 통로예요. 토미는 식도에서 음식물이 지나갈 때 손으로 걸레를 쥐어짜는 것처럼 식도의 근육이 움직여 음식물이 아래로 내려가는 것이 신기했어요. 그리고 공기가 지나가는 기도와 음식이 지나가는 식도가 아주 가깝게 붙어 있다는 점도 신기했죠. 의사 선생님께서 가끔 식도로 넘어가야 하는 음식물이 기도로 넘어가게 되면 큰 문제가 생길 수 있으니, 음식을 천천히 먹으라는 말씀도 해 주셨어요.

그 다음은 위였어요. 위는 주름이 많이 져 있고, 생각보다 크기가 꽤 컸어요.

그리고 음식물이 위 속에 들어 있는 액체에 의해서 녹는 것처럼 보였어요. 의사 선생님께서는 그 액체를 위액이라고 하셨어요. 위액에는 위로 들어온 음식물에 혹시 나쁜 병균이 있을지도 모르니 살균하는 목적의 액체도 들어 있고, 위 표면이 과도한 소화 활동으로 상처 입지 말라고 보호해 주는 보호제도 들어 있대요. 그리고 위액에는 콩, 두부, 고기 등에 포함된 단백질을 우리 몸이 흡수할 수 있도록 크기를 작게 부숴주는 소화 효소가 들어 있답니다. 보통은 음식물이 위에서 2~5시간 정도 머문다고 하네요.

의사 선생님께서 보여주시는 영상은 이제 소화의 핵심인 소장으로 넘어갔어요. 장은 엄청나게 길다고 해요. 무려 그 길이가 6~7m나 된다고 하는데, 그건 작은 마을 버스의 길이 정도라고 하네요. 소장이 이렇게 긴 이유는 음식물이 구불구불한 소장을 통과하면서 최대한 음식물이 소화되고 흡수되는 시간을 벌기 위해서예요. 그리고 소장에도 우리가 먹는 음식 속의 탄수화물, 단백질, 지방을 모두 우리 몸이 흡수할 수 있도록 크기를 작게 부수는 소화 효소가 있어요. 소장의 소화 효소가 역할을 다하면 우리 몸이 영양소를 몽땅 흡수해요. 만약 소장이 짧다면 음식을 아무리 골고루 먹어도 음식물 속의 영양분을 충분히 흡수하지 못해서 영양실조에 걸릴 수 있다고 해요. 보통은 음식물이 소장에서 4~8시간 정도 머문대요.

소장에서 음식물이 잘게 부서지고, 영양분이 몽땅 흡수된 후에 남은 음식 찌꺼기는 대장으로 가요. 대장은 소장에서 넘어온 음식 찌꺼기 속에 들어 있는 수분을 흡수해서 음식 찌꺼기를 딱딱하게 굳힌대요. 이것이 바로 대변이에요. 대변이 대장에 적당량 이상 차면 밖으로 배출된다고 하네요. 보통은 음식 찌꺼기가 대장에 10~20시간 정도 머문 뒤 대변을 통해 밖으로 배출되어요. 만약 10~20시간보다 너무 빠르거나 너무 늦게 대변이 배출된다면 대장에 문제가 있을 수 있다고 하네요.

　의사 선생님께서 준비하신 영상으로 우리가 맛있게 먹은 음식물이 식도, 위, 소장, 대장을 거쳐 항문으로 배출되는 과정을 아주 쉽게 살펴봤어요. 그리고 음식을 먹으면 바로 우리 몸으로 흡수되는 것이 아니라 소화 효소의 역할로 음식물이 잘게 부서져야만 한다는 것도 알게 되었어요. 그리고 잘게 부서진 이후에는 반드시 우리 몸으로 영양소가 흡수되어야 한다는 것도요. 멋진 우리 몸속 세계를 보고 나니 갑자기 배가 고파지네요! 오늘 점심은 토미가 제일 좋아하는 파스타를 먹으러 가야 겠어요.

글쓰기에 힘이 되는 배경 지식 알아보기

우리 몸의 소화 기관! 식도, 위, 소장, 대장이 어떻게 생겼는지 그 모습이 궁금하죠? 그림을 통해 우리 몸의 소화 기관의 생김새를 관찰해보세요.

식도
위
소장
대장

오늘의 과학 글쓰기

글쓰기를 준비해요!

과학 이야기를 읽고 난 뒤, 〈보기〉에서 적절한 용어를 찾아 빈칸에 적어봅시다.

> **보기**
> 대장, 소장, 내시경, 식도, 위

① (　　　　)은 긴 호스를 입이나 항문을 통해 직접 집어넣어 몸 안을 관찰하고, 어디가 아픈지 확인하는 장치이다.

② (　　　　)는 음식물이 지나가는 통로인데, 음식물이 지나갈 때 식도의 근육에 의해서 쥐어짜면서 음식물을 아래로 내려보낸다.

③ (　　　　)에는 살균 역할을 하는 액체도 있고 주름져 있다.

④ (　　　　)은 소장에서 넘어온 음식 찌꺼기 속에 들어 있는 수분을 흡수해서 음식 찌꺼기를 딱딱하게 굳힌다.

⑤ 소화의 핵심인 (　　　　)은 길이가 6~7m로, 소화 효소를 통해 영양분을 흡수한다.

소화 과정을 전달하는 글쓰기에 대해 알아볼까요?

오늘은 음식물이 어떻게 이동하는지 가상의 내시경 알약을 이용해서 함께 알아봤어요!
'과정'은 어떤 일이 일어나는 단계를 차례로 설명하는 것이에요. 그래서 ==소화 과정을 설명할 때 식도, 위, 소장, 대장의 기관에서 어떤 일이 일어나는지 빠트리지 않고 적는 것이 중요해요.== 오늘 시미쌤과 함께 읽어본 '과학 이야기'를 다시 한번 꼼꼼히 읽어보면서 소화 과정을 차근차근 전달하는 글을 써봅시다!

답 ① 내시경, ② 식도, ③ 위, ④ 대장, ⑤ 소장

| 함께 써볼까요? | 소화 과정을 간추려서 전달하는 글쓰기 |

글을 쓰면서 잊지 말아야 할 중요한 점을 알려 줄게요. 여러분의 글에 다음의 내용이 포함되었는지 체크 표시를 해보세요.

- [ ] 식도에서 어떻게 음식물이 위로 내려가는지 정리해요.
- [ ] 위에서는 어떤 음식물이 소화되는지 정리해요.
- [ ] 소장과 대장에서는 어떤 일이 일어나는지 정리해요.

① 음식물이 가장 먼저 만나는 곳은 식도였어요. **식도**에서는 어떤 과정이 일어나는지 설명해봅시다.

_____

_____

② 본격적으로 소화가 시작되는 곳은 위예요. **위**에서는 어떤 과정이 일어나는지 설명해봅시다.

STEP 1 위액의 여러 가지 기능을 떠올려보세요.
STEP 2 위가 잘 소화하는 영양분이 무엇이었는지 떠올려보세요.
TIP! 고기에 많이 들어있는 영양분을 잘 생각해보세요.

_____

_____

③ 길고 구불구불한 **소장**에서는 어떤 과정이 일어나는지 설명해봅시다.

STEP 1 소장은 어떤 영양분을 주로 소화시켰는지 떠올려보세요.
STEP 2 소장이 긴 이유를 기억하죠? 만약, 소장이 짧으면 영양분 흡수가 제대로 되지 않는다는 사실을 떠올려보세요.

_____

_____

④ **대장**에서는 어떤 과정이 일어나는지 설명해봅시다.

_____

09 일차

곰팡이가 세균을 죽인다고?

글쓰기한 날짜
 월 　일 (　요일)

글쓰기 종류 간추려 전달하는 글쓰기

#페니실린　#항생제　#푸른곰팡이

오늘의 글쓰기 상황

과학책을 보다가 깜빡 잠이 든 요미. 그런데 책에서 봤던 생물학자 알렉산더 플레밍이 눈앞에 있어요. 요미는 꿈에서 플레밍의 실험실에 놀러 왔어요. 플레밍은 실험을 위해서 포도상구균을 기르고 있었는데 여름 휴가를 다녀온 후 연구실에 돌아와 깜짝 놀랐어요. 플레밍이 기르던 포도상구균이 사라졌지 뭐예요? 그리고 이 발견 덕분에 여러 사람의 목숨을 구하게 되었다고 해요. 무슨 일인지 우리 한번 차근차근히 알아봐요.

 시미쌤의 **과학 이야기**

알렉산더 플레밍에 대해서 알아보기 전에 1일차에서 토미 할아버지께서 항생제를 너무 오래, 많이 복용하셔서 장염에 걸리셨던 것을 기억하죠? 알렉산더 플레밍이 바로 세균을 죽이는 약인 항생제를 최초로 발명한 과학자예요. 그럼 플레밍이 항생제를 발명했던 그 순간으로 떠나볼까요?

플레밍은 20세기 초반에 왕성한 활동을 했던 영국의 의사이자 생물학자예요. 플레밍이 특별히 세균에 좀 더 관심 가지게 된 이유는 바로 1차 세계 대전에 군의관으로 참전해 전쟁에서 다친 병사를 치료했던 경험 때문이었어요. 플레밍은 병사들이 총과 칼 등에 의해 직접적으로 신체가 다친 것보다 신체의 손상으로 인한 세균 감염으로 더 많이 목숨을 잃는다는 사실을 알게 되었지요. 특히 당시에는 병사의 부상이 발생하면 일단 붕대부터 감았어요. 그런데 환자에게 도움을 주려고 했던 이 행동이 햇빛을 차단해 상처를 더 썩게 만들고 감염을 빠르게 진행시켰던 거예요. 또 당시에 사용하던 소독약이 너무 독해서 몸에 이로운 세균까지 죽이기도 했대요.

플레밍은 1차 세계 대전을 마치고 다시 영국으로 돌아와서 본격적으로 세균을 연구하기 시작했어요. 요미가 꿈에서 플레밍을 만난 순간이 아마 1928년인 것 같아요. 그 무렵 플레밍은 포도상구균에 대해 연구하다가 휴가를 떠났어요. 포도상구균은 이름에서 추측할 수 있는 것처럼 현미경으로 균을 관찰했을 때 포도송이가 붙어 있는 모양이에요. 포도상구균의 종류는 무척 다양하고, 우리 삶 곳곳에 널리 퍼져있어요. 포도상구균은 평상시에는 큰 문제를 일으키지 않는데, 몸의 컨디션이 좋지 않거나 외부의 감염에 노출된 경우 인간에게 치명적인 수준까지 독성을 보일 수도 있다고 해요. 그런데 플레밍이 실수로 포도상구균 접시를 제대로 닫지 않고 휴가를 떠난 거예요.

그런데 휴가에서 돌아와 플레밍은 놀라운 사실을 발견했어요. 뚜껑을 덮지 않고 간

포도상구균 접시에 있던 포도상구균이 거의 다 죽어있었어요. 그리고 그 옆에는 한 번도 보지 못한 푸른곰팡이가 있었어요. 플레밍은 푸른곰팡이에 대해서 좀 더 자세히 연구해야겠다는 생각을 했어요. 그리고 그 결과, 푸른곰팡이가 진짜 세균을 죽였다는 사실을 알게 되었어요. 플레밍은 얼른 이 푸른곰팡이를 키워서 사람들에게 선보이고 싶었지요. 하지만 생각보다 곰팡이가 잘 자라지 않았어요. 조금이라도 온도가 뜨겁거나 차가우면 푸른곰팡이가 빠르게 죽어서 약으로 만들기가 쉽지 않았죠. 플레밍은 이 놀라운 푸른곰팡이 연구를 포기해야 하나 좌절했어요. 그러던 중 2차 세계 대전이 일어났고, 많은 병사가 세균 감염으로 인해 목숨을 잃게 되는 일이 또 반복되었지요. 플레밍의 푸른곰팡이에 관심을 가졌던 두 명의 과학자인 플로리와 체인이 푸른곰팡이를 약으로 만드는 연구에 힘을 보탰어요. 드디어 푸른곰팡이로 약 만들기에 성공했고 이 약을 <mark>대량 생산</mark>하는 데도 성공했지요. 플레밍, 플로리, 체인의 놀라운 협업으로 2차 세계 대전에서 세균 감염으로 목숨을 잃을 뻔한 많은 군인들이 다시 살아나게 되었어요.

푸른곰팡이의 정식 이름이 바로 '페니실리움'이고, 이를 이용해서 만든 약이 '페니실린'이에요. 세균 감염을 막을 수 있는 인류 최대의 발명인 항생제인 것이지요. 플레밍, 플로리, 체인은 세균 감염을 막고 많은 사람의 목숨을 구한 최초의 항생제를 발명해서 노벨 생리의학상을 받았어요. 플레밍은 휴가를 다녀오고 우연히 발명한 그 순간을 떠올리며 노벨 생리의학상 수상 소감에서 이렇게 말했어요.

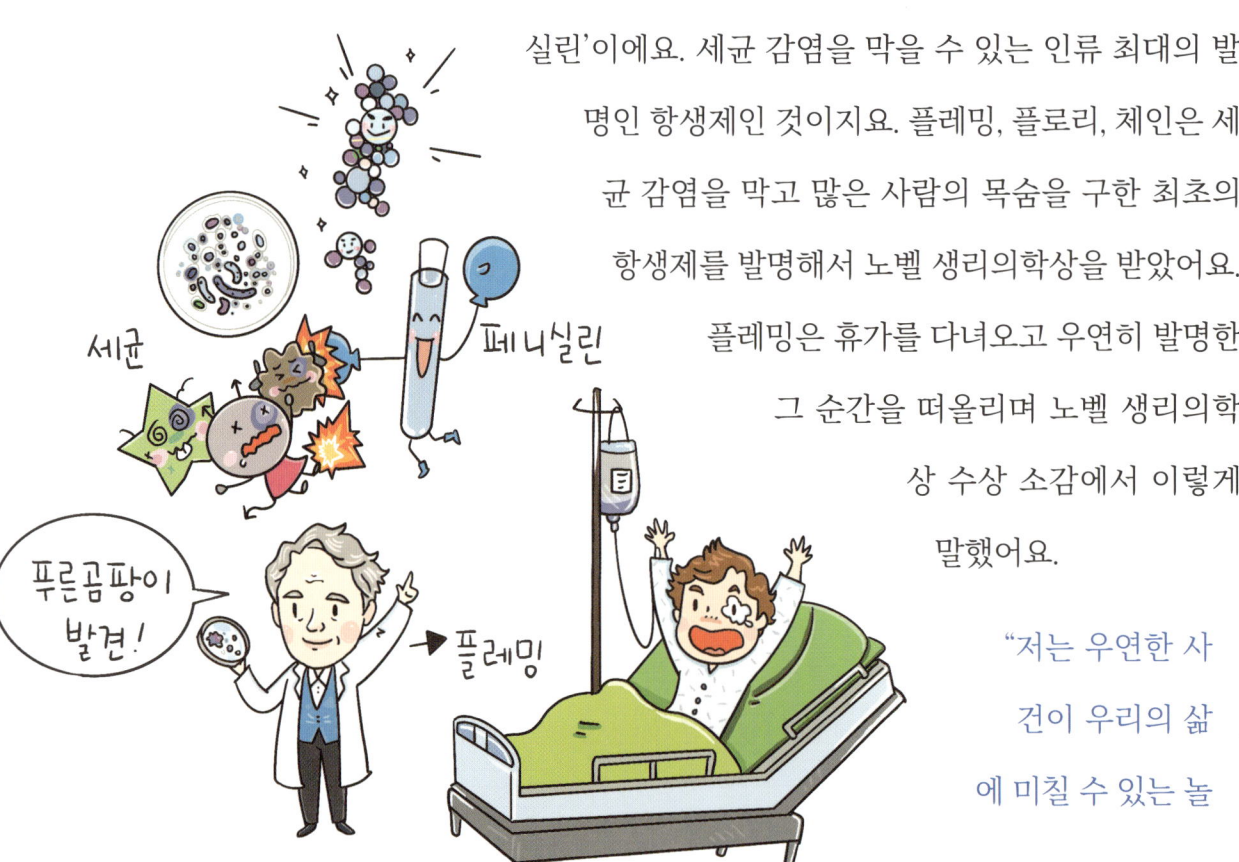

"저는 우연한 사건이 우리의 삶에 미칠 수 있는 놀

라운 영향력을 늘 느껴왔습니다. 젊은 연구원들에게 조언 하자면 갑자기 나타난 현상, 우연한 사건을 절대로 대충 보고 넘어가지 마세요. 이 현상 속에서 새로운 기회의 문이 열릴 수 있습니다."

만약 플레밍이 세균이 죽은 것을 보고도 실험 재료가 오염되었다고 무시하거나 외면했으면 어떻게 되었을까요? 여러분도 일상의 삶에서 우연적이고 소소한 발견이 있다면 외면하지 말고 꼭 그 의미를 생각해보세요!

글쓰기에 힘이 되는 배경 지식 알아보기

페니실린이 어떻게 세균을 죽이는지 그 과정을 자세히 살펴보도록 할게요! 두 눈을 크게 뜨고 한번 살펴봅시다.

세균이 감염되면 우리 몸에서는 어떤 일이 일어날까?

우리 몸에서 세균의 숫자가 비정상적으로 증가하는 것을 의미해. 페니실린은 페니실리움이라는 푸른곰팡이에서 나오는 물질로 만든 약인데, 우리 몸속에서 세균의 숫자가 증가하지 못하도록 해. 일부 세균에는 세균을 둘러싸는 딱딱한 세포벽이 있어. 세포벽은 말 그대로 세균을 보호하는 막이야. 그런데 페니실린은 세균의 세포벽이 정상적으로 자라지 못하게 해! 그러니까 세균의 숫자가 더 이상 늘지 못하기 때문에 우리 몸이 세균 감염을 이겨낼 수 있는 거야!

오늘의 과학 글쓰기

글쓰기를 준비해요!

플레밍이 인류 최초의 항생제를 발명하기까지 무척 많은 사건이 있었어요. 오늘 과학 이야기를 읽고 난 뒤, 〈보기〉에 있는 플레밍에게 일어났던 일을 시간 순서대로 바르게 나열해봅시다.

보기

(가) 플레밍, 플로리, 체인은 세균 감염을 막고 많은 사람의 목숨을 구한 최초의 항생제인 페니실린을 발명해 노벨 생리의학상을 받았어.

(나) 플레밍은 실수로 포도상구균 접시를 제대로 닫지 않고 휴가를 떠났어.

(다) 휴가를 다녀오고 난 뒤, 뚜껑을 덮지 않은 포도상구균 접시에 있던 포도상구균이 거의 다 죽었고, 그 옆에는 한 번도 보지 못한 푸른곰팡이가 있었어.

(라) 플레밍이 1차 세계 대전에 참전했을 때 병사들이 총과 칼 등에 의한 고통보다 세균 감염으로 더 많이 목숨을 잃는다는 사실을 알게 되었어.

(마) 푸른곰팡이 페니실리움을 발견한 플레밍은 이를 약으로 만들고 싶었지만 구체적인 방법을 몰라서 잠시 좌절했던 적이 있었어.

(   ) - (   ) - (   ) - (   ) - (   )

플레밍의 이야기를 간추려서 전달하는 글쓰기에 대해 알아볼까요?

오늘은 인류를 세균의 위험에서 구원한 항생제를 발견한 '플레밍'의 이야기를 읽어봤어요. 항생제가 없을 때 얼마나 불편했는지, 항생제가 발견된 이후 우리가 얼마나 건강하고 안전한 삶을 살게 되었는지 알 수 있었어요.

오늘은 페니실린 발견이 발견하는 데 걸렸던 수많은 시간 중에서 중요하고 전달할 필요가 있는 이야기만 골라서 해볼 거예요. 함께 써봐요.

답 (라) → (나) → (다) → (마) → (가)

| 함께 써볼까요? | 플레밍의 페니실린 발견을 간추려서 전달하는 글쓰기 |

글을 쓰면서 잊지 말아야 할 중요한 점을 알려 줄게요. 여러분의 글에 다음의 내용이 포함되었는지 체크 표시를 해보세요.

☐ 페니실린 발견 전, 플레밍에게 어떤 어려움이 있었는지 정리해요.

☐ 페니실린이 발견된 우연한 계기가 무엇인지 설명해요.

① 플레밍이 푸른곰팡이를 발견하기 전인 **1차 세계 대전** 때는 환자를 어떻게 치료했었나요?

② 플레밍이 푸른곰팡이의 놀라운 역할을 **발견**하게 된 중요한 **사건**을 자세히 설명해보세요.

③ 플레밍이 발견한 푸른곰팡이를 2차 세계 대전에서 본격적으로 활용하기 시작했어요. **플레밍과 함께** 페니실린 약을 만들었던 사람들의 이야기를 써보세요.

④ 페니실린이 발명된 이야기를 읽으며 **일상**에서 마주하는 **우연한 사건**을 어떻게 바라보면 좋을지 나의 생각을 간단하게 써보세요.

10일차

아이스크림을 먹으면 왜 기분이 좋아질까?

글쓰기한 날짜
　월　　일 (　요일)

글쓰기 종류　예를 들어 글쓰기

#호르몬
#엔도르핀　#코르티솔

오늘의 글쓰기 상황

토미, 지미, 요미는 요즘 걱정되는 일이 있어요. 바로 학교 대표로 발명품 경진 대회에 나가기 때문이에요. 잘 할 수 있을지, 열심히 만든 발명품이 대회장에서 고장나지는 않을지, 발표할 때 중요한 내용을 잊지는 않을지 걱정이 많아요. 이런 걱정들이 쌓여서 스트레스가 되고 있어요. 세 친구의 스트레스를 줄여 줄 수 있는 좋은 방법은 없을까요?

여러분도 지미, 토미, 요미처럼 중요한 시험을 앞두거나 꼭 해내야 하는 일을 하기 전에 스트레스를 받았던 경험이 있나요? 아마 한 번쯤은 그런 경험이 있을 것 같아요. 여러분은 이런 스트레스 상황을 어떻게 해결하나요? 잠을 깊게 잘 수도 있고, 운동을 할 수도 있지요. 오늘 이야기할 내용은 여러분도, 시미쌤도 스트레스를 받았을 때 금세 스트레스를 해소할 수 있는 방법이에요. 바로 맛있게 매운 떡볶이를 먹거나 달콤한 아이스크림을 먹는 것이죠! 여러분도 이 방법을 이용해 스트레스를 해소하고 금세 행복했던 적이 있다면 우리는 왜 맛있게 매운 떡볶이를 먹거나 달콤한 아이스크림을 먹었을 때 금세 기분이 좋아지는 것인지 알아봐요.

우리 몸에서 나오는 물질들은 저마다 고유한 기능을 하며, 종류가 무척 많지만 오늘은 호르몬이라는 것에 대해 알아볼게요. 호르몬은 종류가 무척 다양하며 우리 몸의 여러 장기에서 나오는데, 혈액을 통해 온몸을 돌아다니다가 특정한 장소에서 딱 결합해 작용해요. 우리 몸속에서 호르몬이 결합하는 장소는 정해져 있으며, 그 장소를 '수용체'라고 해요. 조금 어렵죠? 예를 한번 들어볼게요. 몸속에 얼마나 많은 당이 있는지 나타내는 정도를 혈당이라고 했어요. 우리 몸의 혈당이 높아지면 이를 줄이도록 도와주는 호르몬이 있어요. 그 호르몬이 인슐린이지요. 하지만 인슐린이 아무 데서나 혈당을 낮추는 역할을 하지는 않아요. 인슐린과 딱 맞는 인슐린 수용체가 있어야만 우리 몸의 혈당을 낮출 수 있어요. 쉽게 말해 우리 몸에 호르몬이라는 열쇠가 많은데, 그 열쇠는 모든 문을 열 수 있는 것이 아니고 호르몬 수용체라는 정해진 문 하나를 열 수 있는 것이에요.

호르몬과 호르몬 수용체의 얘기를 길게 꺼낸 이유가 있어요. 매콤한 떡볶이와 달콤한 아이스크림 때문에 우리 기분이 나아질 수 있는 것도 호르몬과 호르몬 수용체 때문이에요. 예를 들면, 우리가 매콤한 음식을 먹으면 우리 몸은 엔도르핀이라는 호르몬을 분비해요. 엔도르핀 호르몬은 우리 몸이 통증을 덜 느끼게 해 줘요. 만약 극심한 통증을 느끼면 발생할 수 있는 쇼크로부터 생명을 보호하는 역할을 해요. 또한 엔도르핀이 분비되면 즉시 고통이 사라지고 개운하고 시원한 느낌이 든다고 해요. 그렇다면 매운 음식과 엔도르핀은 어떤 관계가 있을까요?

우리 뇌는 몸의 온도가 적정 수준을 넘어서면 위험하다고 받아들여요. 우리 몸이 아파서 온도가 높아지는 경우 외에도 고추, 마늘, 후추 속의 매운 성분인 캡사이신에 의해서도 우리 몸의 온도가 높아졌다고 느낄 수 있어요. 그래서 매운 떡볶이를 먹으면 우리 몸은 온도가 높아졌다고 생각하기에, 우리 몸의 위험을 줄이기 위해서 엔도르핀 호르몬을 내보내요. 그래서 매운 음식을 먹으면 처음에는 조금 고통스러울 수 있지만 엔도르핀 호르몬 덕분에 기분이 좋아지는 것이지요. 하지만 스트레스를 받을 때 매번 매운 음식으로 해소하는 것은 건강한 방법이 아니에요. 위를 자극하는 매운 음식을 자주 먹으면 위 보호막이 얇아져 위염이나 위궤양 같은 위 질환에 걸리기 쉽기 때문이에요.

달콤한 음식도 마찬가지예요. 우리 몸은 심한 스트레스를 받으면 코르티솔이라는 호르몬을 분비해요. 코르티솔 호르몬은 우리 몸이 스트레스 상황에서 적극적으로 버틸 수 있도록 음식을 많이 먹게끔 식욕을 증가시키지요. 특히 단 음식을 많이 먹게 해요. 스트레스 상황에서 단 음식을 먹으면 우리 몸은 스트레스가 해소되었다고 느껴요. 하지만 이 방법도 자주 사용하면 안 되는 스트레스 해소법이에요. 왜냐하면 우리가 자주 찾는 단 음식은 혈당을 빠르게 올려서 우리 몸에 안 좋은 영향을 끼치는 단순당이 많아요. 지난번에 단순당을 반복해서 자주 많이 섭취하면 당뇨병에 걸릴 수도 있다는 것을 배운 기억이 나지요? 우리 모두 건강한 스트레스 해소법을 찾아 보아요.

글쓰기에 힘이 되는 배경 지식 알아보기

스트레스를 받으면 우리 몸은 어떤 반응을 보일까요? 우리는 보통 받아들이기 힘든 상황에 부딪힐 때 스트레스를 받아요. 예를 들면 아무런 이유 없이 다른 사람에게 말이나 행동으로 공격받거나, 혹은 게임을 하는데 자꾸만 똑같은 곳에서 게임이 종료될 때 스트레스를 받기도 해요. 하지만 어느 정도 수준의 스트레스는 우리가 살아가는 데 꼭 필요해요. 왜냐하면 적정 수준의 스트레스를 받으면 우리 몸은 정신이 번쩍 든 상태가 되기 때문이죠. 심장 박동 수가 올라가고 혈액이 온몸 곳곳을 빠르게 돌면서 위험을 피할 수 있도록 몸을 준비시킵니다. 우리 몸의 이러한 변화를 '스트레스 반응'이라고 불러요. 만약 스트레스 반응이 없다면 우리 몸은 위험 상황에서 효과적으로 대처하기가 어려워질 수도 있어요.

이때 스트레스의 원인을 해결하지 못하면 코르티솔 호르몬이 끊임없이 분비되면서 우리 몸을 약하게 만들어요. 건강한 사람이라면 거뜬히 이겨낼 수 있는 바이러스, 세균 등에도 과민하게 반응하면서 몸이 점점 더 약해지지요. 여러분도 살다 보면 스트레스를 피하기 어려운 상황에 부딪힐 수도 있어요. 그럴 땐 스트레스로 좌절하기보다는 건강하게 풀 수 있는 나만의 방법을 꼭 찾아내길 바라요!

오늘의 과학 글쓰기

글쓰기를 준비해요!

과학 이야기를 읽고 난 뒤, O/✕ 퀴즈를 풀어봅시다.

① 호르몬은 종류가 무척 다양하고, 우리 몸의 여러 장기에서 나와요. (O / ✕)

② 인슐린은 우리 몸의 혈당이 낮아지면 이를 높이도록 도와주는 호르몬이에요. (O / ✕)

③ 엔도르핀 호르몬은 우리 몸이 통증을 덜 느끼게 해주고, 만약 극심한 통증을 느낄 때 발생할 수 있는 쇼크로부터 생명을 보호하는 역할을 해요. (O / ✕)

④ 매운 음식을 먹으면 처음에는 조금 고통스러울 수 있지만 엔도르핀 호르몬 덕분에 기분이 좋아질 수 있는 거예요. (O / ✕)

⑤ 코르티솔은 단 음식을 많이 먹게끔 하는데, 우리 몸이 스트레스 상황에서 버틸 수 있도록 식욕을 증가시켜요. (O / ✕)

내 경험을 예로 들어 쓰는 글에 대해 알아볼까요?

오늘은 내 경험을 예로 들어 써볼 거예요. **다른 사람들이 공감할 수 있는 좋은 글은 내 경험을 예로 들어 설명하는 것이에요.** 내 경험을 바탕으로 글을 쓰면 읽는 사람이 더욱 공감할 수 있답니다.

여러분이 언제 스트레스를 받는지, 어떤 방법으로 스트레스를 해소하는지 여러분의 경험을 떠올려서 솔직하게 글을 써보세요.

답) ① O ② ✕ ③ O ④ O ⑤ O

함께 써볼까요? **내 경험을 예로 들어 설명하는 글쓰기**

글을 쓰면서 잊지 말아야 할 중요한 점을 알려 줄게요. 여러분의 글에 다음의 내용이 포함되었는지 체크 표시를 해보세요.

- [ ] 나의 일상을 돌아보며 언제 스트레스를 받는지 설명해요.
- [ ] 무엇을 하면 스트레스가 해소되는지 나만의 방법을 써요.
- [ ] '코르티솔 호르몬'과 단 음식은 어떤 관계가 있는지 설명해요.

① 주로 어떤 **상황**에서 스트레스를 받나요?

② 스트레스를 받았을 때 주로 어떤 **방법**으로 스트레스를 해소하나요?

③ 토미는 스트레스를 받을 때마다 **단 음식**을 많이 먹는다고 해요! 여러분이 토미에게 건강하게 스트레스를 해소하는 것이 중요한 이유를 설명해 주세요.

TIP! 코르티솔 호르몬의 특징을 토미에게 설명해 주는 것도 좋겠죠?

2장 내 몸

11일차 동물로 실험을 한다고?

글쓰기한 날짜

 월 일 ( 요일)

글쓰기 종류 찬반 글쓰기

#동물실험

오늘의 글쓰기 상황

토미는 오랜만에 놀러 온 사촌오빠의 실험실 얘기를 듣는 것을 좋아해요. 사촌오빠는 토미에게 쥐를 이용해서 약을 개발하는 과정을 알려 주었어요. 그런데 이야기를 듣다 보니 동물 실험이 마냥 좋은 것만은 아닌 것 같았어요. 토미는 사촌오빠에게 동물 실험에 대해 어떤 이야기를 들었을까요?

시미쌤의 과학 이야기

토미의 사촌오빠는 대학원에서 사람의 몸을 낫게 하는 신약 개발을 공부하는 대학원생이에요. 토미는 사촌오빠의 이야기를 듣는 것을 무척 좋아한답니다. 사촌오빠가 쥐, 토끼, 강아지 같은 동물을 이용해서 연구하는 동물 실험에 대해서 토미에게 소개해 준다고 했을 때, 사촌오빠의 이야기가 기대되었어요. 그런데 막상 사촌오빠의 동물 실험 이야기를 들으니 생각이 복잡해졌지요. 어떤 내용이었을까요?

동물 실험은 말 그대로 생명에 대한 궁금증을 동물을 대상으로 연구하여 해결하는 방법이라고 해요. 연구자가 궁금한 것을 매번 사람에게 직접 실험한다면 사람의 안전을 보장할 수도 없고, 사람의 생명을 중요하게 여기지 않는다고 오해받을 수도 있어요. 그래서 과학자들은 동물 실험을 합니다. 실험용 동물은 쉽게 구할 수 있으며 멸종 가능성이 적고 생물 그 자체를 실험하기 쉬운 강아지, 돼지, 고양이, 쥐, 대장균 같은 것들을 주로 활용해요. 고대 그리스의 유명한 철학자이자 과학자인 아리스토텔레스도 동물 실험을 했다는 기록이 있어요.

연구에 동물 실험을 활용하는 학문 분야도 매우 다양해요. 대표적으로 토미의 사촌오빠가 연구하는 신약 개발 분야가 있어요. 신약 개발의 최종 목적은 새롭게 개발된 약이 사람에게 정말 안전하고 부작용이 없도록 하는 것이에요. 그래서 사람이 직접 먹기 전에 동물에게 먼저 먹여보고 약의 안전성을 확인하는 과정이 꼭 필요해요. 또, 화장품 회사에서도 동물 실험을 많이 해요. 새롭게 개발된 화장품이 너무 독하지는 않은지, 사람에게 안전한지 살펴보기 위해서 동물에게 미리 발라보는 것이지요. 그리고 사람의 뇌를 연구하는 뇌과학 분야에서도 동물 실험을 많이 활용해요. 특히 원숭이의 뇌 구조가 사람과 비슷한 부분이 많아서 원숭이를 대상으로 동물 실험을 자주 한다고 해요.

동물 실험을 활용하는 또 다른 이유가 있어요. 바로 사람과 실험 동물의 수명 차이 때문이에요. 보통 사람의 평균 수명은 70년입니다. 그래서 새롭게 투입한 약, 화장품 등이 정말 부작용이 없는지 빨리 판단하기 쉽지 않아요. 하지만 동물 실험에 주로 사용하는 대장균은 20분마다 한 번씩 새로운 대장균이 탄생하기에 그 부작용을 지켜보기 쉬워요. 사람과 비교했을 때 수명이 1/3 미만으로 꽤 짧은 강아지나 고양이도 마찬가지예요. 사람과 고양이, 강아지, 원숭이 같은 실험 동물은 생김새가 서로 다른데, 동물 실험이 얼마나 의미가 있을지 궁금하지요? 몇몇 동물들은 사람과 꽤 유사한 실험 결과가 나와서 인간을 대상으로 실험하기 전에 충분히 실험해볼 만한 가치가 있다고 해요.

그렇다면 이렇게 사람에게 도움이 되는 것처럼 보이는 동물 실험을 편하게 해도 될까요? 많은 국가에서 동물 실험을 할 때 지켜야 할 규칙이 있어요. 이러한 규칙을 만든 이유는 동물 실험을 경험한 동물들의 스트레스가 상상 이상으로 크다는 연구 결과가 꽤 많기 때문이에요. 그래서 동물 실험을 진행할 때는 반드시 실험 동물의 신체적, 정신적 스트레스가 얼마나 큰지 검사하도록 하며, 연속해서 동물 실험을 할 수 없도록 강력하게 규제하고 있어요. 요즘에는 동물에게 직접 실험하지 않고도 궁금한 생명 현상을 연구할 수 있는 또 다른 방법이 있어요. 예를 들면 컴퓨터 시뮬레이션을 활용해서 가상으로 실험해보는 방법이에요. 또한 인공 피부가 개발되어 많은 화장품 회사에서는 동물 피부로 화장품 실험을 하지 않을 수 있게 되었어요. 그리고 인공 눈, 인공 장기 등이 빠른 속도로 개발되고 있어 먼 미래에는 지금보다 동물 실험을 적게 할 수도 있다고 생각해요.

글쓰기에 힘이 되는 배경 지식 알아보기

과학자들이 많이 활용하는 실험용 동물로 예쁜꼬마선충이 있어요. 이번에는 과학자들이 왜 예쁜꼬마선충을 주로 사용하는지 그 이유를 한번 알아볼까요?

예쁜꼬마선충의 몸 길이는 1mm 정도 되는데, 너무 작아 인간의 눈으로는 예쁜꼬마선충의 움직임을 직접 관찰하기 어려워요. 예쁜꼬마선충은 DNA 유전 정보가 모두 밝혀진 최초의 동물이에요. DNA 유전 정보가 모두 밝혀지면 어떤 점이 좋을까요? 여러분, 만약에 새로운 게임을 하게 되었는데 그 게임의 공략집을 선물 받았다고 생각해 볼게요. 게임 공략집이 있으면 예전에 비해 게임을 더 잘할 수 있게 되겠지요? 마찬가지로 예쁜꼬마선충에 대한 정보가 전부 알려져서 과학자들이 실험을 하기도 쉬워졌어요. 그래서 예쁜꼬마선충을 이용한 연구들이 노벨상을 3개나 받기도 했어요.

특히 예쁜꼬마선충은 뇌과학을 연구하는 사람들이 주로 활용해요. 인간의 신경 세포가 1000억 개 가까이 되는 것과 달리 예쁜꼬마선충의 신경 세포는 고작 302개이기 때문에 훨씬 덜 복잡해요. 예쁜꼬마선충의 신경 세포 수가 사람보다 적다고 무시하면 안 돼요. 예쁜꼬마선충은 사람처럼 한 가지 냄새를 오래 맡으면 그 냄새에 적응하기도 하고 술에 취하기도 하고 배고프면 음식을 찾아가고, 배가 아프면 그 먹이를 더 이상 먹지 않는다고 해요. 게다가 온도가 따뜻하고 배부르고 살기 좋은 환경에서는 짝짓기 상대를 찾아가기도 한대요. 어때요? 사람과 정말 비슷하죠?

오늘의 과학 글쓰기

글쓰기를 준비해요!

오늘은 동물을 대상으로 생명에 대한 궁금증을 해결하기 위한 연구 방법인 동물 실험에 대해서 알아봤어요. 그렇다면 오늘 글을 읽고 동물 실험에 대해서 긍정적인 부분과 부정적인 부분을 표로 정리해보고 알맞은 단어에 ○ 표시를 해보세요.

긍정적인 부분	부정적인 부분
연구자가 사람에 대해 궁금한 점을 매번 (**간접적/직접적**) 실험하면 사람의 생명을 중요하게 여기지 않는다고 오해받을 수도 있다.	구하기 (**쉬운/어려운**) 강아지, 돼지, 고양이 등을 실험 동물로 사용하지만 동물들도 고통과 같은 여러 감정을 느낀다.
인간의 평균 수명은 꽤 (**짧지만/길지만**), 실험 동물로 사용하는 것들의 평균 수명은 꽤 (**짧은/긴**) 편이라 부작용을 판단하기 쉽다.	동물 실험을 경험한 동물들의 스트레스가 상상 이상으로 (**적다/크다**)는 연구가 많아 많은 국가에서 동물 실험할 때 지켜야 할 규칙이 있다.

찬반 글쓰기에 대해 알아볼까요?

오늘 살펴본 동물 실험은 찬성과 반대의 견해가 팽팽하게 나뉜 주제였어요. 동물 실험을 찬성하는 쪽의 입장과 반대하는 쪽의 입장이 모두 이해가 가기에 선택하기가 더욱 힘든 것 같아요.

찬반 글쓰기는 어떤 사건의 장단점이 뚜렷해서 나의 의견을 정리하는 것이 어려운 주제에 관해 찬성과 반대의 관점 중 하나를 선택해서 글을 쓰는 것이에요. 찬성을 선택하면 반대 관점이 떠오르고, 반대를 선택하면 찬성 관점이 떠올라 논점이 흐려질 수도 있어요. 시미쌤도 찬성과 반대 중 하나의 관점만 선택하기가 쉽지는 않아요. 그래도 우선 내 생각을 간단하게 한 문장으로 정리하는 것이 찬반 글쓰기의 시작이니 한번 정리해보세요.

답 직접적, 쉬운, 길지만, 짧은, 크다

| 함께 써볼까요? | 동물 실험에 대한 찬반 글쓰기 |

동물 실험은 사람이 안전하게 화장품을 사용하고 약을 복용할 수 있도록 연구하는 데 도움을 주어요. 하지만 인간에게 도움이 되는 동물 실험이 동물에게는 고통을 줄 수도 있다고 해요. 여러분은 동물 실험을 계속해도 된다고 생각하나요? 아니면 동물 실험을 계속하는 것에 반대하나요? 아래 단계에 따라 시미쌤과 함께 찬반 글쓰기를 작성해 보세요.

① 내 생각을 한 문장으로 정리해 ○ 표시를 해요.

TIP! 우선 내 생각을 간단하게 한 문장으로 정리하는 것이 찬반 글쓰기의 시작이에요.

나는 동물 실험을 계속 하는 것에 (찬성한다/반대한다)

② 왜 그렇게 생각하는지 이유를 적어보세요.

STEP 1 '글쓰기를 준비해요!'와 '시미쌤의 과학 이야기'를 바탕으로 이유를 찾아보세요.

STEP 2 이유를 쓸 때는 '왜냐하면'이라는 말로 시작하면 좋아요.

STEP 3 동물 실험을 당하는 동물의 마음은 어떨지 혹은 동물 실험을 해야만 하는 과학자들의 마음은 어떨지 생각해보세요.

3장

생태계

#바다사막화 #해양쓰레기 #동물원

#돌고래 #생물다양성

난이도 ★★

어렵지 않게 할 수 있어요

교과서 찾아보기

3학년 과학 동물의 생활
5학년 과학 다양한 생물과 우리생활, 생물과 환경

시미쌤은 우연히 뉴스를 보다가 바닷가에 무심코 버린 쓰레기 때문에 상처를 입은 바다사자를 본 적이 있어요. 쓰레기를 버린 사람은 바다사자를 해칠 의도가 없었겠지만, 자연에서 함께 살아가는 생명체들은 이렇게 서로 영향을 주고받아요. 자연에서 생물들이 함께 살고 서로 영향을 주고받는 곳을 '생태계'라고 해요. 이번 장에서는 인간이 무심코 행한 어떤 행동들 때문에 평화롭던 생태계에 생긴 어려움은 무엇인지 살펴볼 거예요. 시미쌤과 생태계에 숨겨진 이야기를 읽어본 뒤, 여러분이 직접 글로 멋지게 정리해볼게요. 준비됐나요?

12 일차

바다가 사막이 된다고?

글쓰기한 날짜
　　월　　일 (　　요일)

글쓰기 종류 라디오 사연 쓰기

#바다사막화
#해조류　#성게

오늘의 글쓰기 상황

잠시 제주 앞바다를 떠나 저 넓은 곳으로 여행을 다녀온 물고기 치치. 치치는 오랜만에 돌아온 제주 앞바다를 보며 깜짝 놀랐어요. 치치가 어릴 적에는 분홍빛 산호, 푸른 해조류가 많았던 바다가 지금은 아무도 살지 않은 것처럼 황량해졌기 때문이지요. 치치는 어릴 적 추억이 담긴 제주 앞바다가 왜 이렇게 되었는지 궁금해졌어요. 그리고 어릴 적 추억이 사라진 것 같아 슬프기도 했어요.

 ## 시미쌤의 과학 이야기

여러분은 바닷속 깊이 잠수해보거나, 잠수부가 촬영한 바닷속 영상을 본 적이 있나요? 푸른 바닷속에는 분홍빛, 빨간빛의 아름다운 색을 띠는 산호도 있고, 초록 나무숲과 같은 미역, 감태 등의 해조류도 있어요. 그 사이를 휘감으며 아름답게 헤엄치는 물고기들도 있어요. 우리가 생각하는 바닷속은 바로 이런 모습일 거예요. 아마 치치도 이런 바다에서 친구, 가족과 함께 즐겁게 지냈을 것 같아요.

하지만 요즘에는 형형색색의 아름다운 바닷속만 있는 것은 아니에요. 어떤 물고기도 오랫동안 방문하지 않고, 으스스한 분위기에 회색 물감을 뒤집어쓴 것 같은 돌만 보이는 곳도 있지요. 푸른 해조류도 없고, 아름다운 색을 띠는 산호도 더는 보이지 않아요. 이러한 현상을 '바다 사막화'라고 해요. 마치 나무도 풀도 물도 없는 퍽퍽한 사막이 바다에도 존재한다고 생각하면 쉬워요.

==바다 사막화==가 심해지면 결국 바닷속 ==해조류==가 사라지게 돼요. 해조류는 우리가 잘 알고 있는 미역, 다시마, 김과 같은 것들이에요. 우리가 맛있게 먹고 있는 해조류는 바다 생물들에게도 정말 중요한 존재예요. 해조류는 바닷속에서 사는 생명체 중에서 키가 꽤 큰 편이라서 작은 물고기들이 큰 물고기들에게 잡아먹히지 않도록 숨는 피난처가 되기도 해요. 해조류 사이에 알을 낳는 물고기들도 꽤 많죠. 게다가 해조류는 산소와 영양물질을 만드는 중요한 역할을 하는데, 만약 해조류가 만드는 산소와 영양물질이 없다면 바다 생물들이 살기에 무척 힘들 거예요.

그렇다면 바다 사막화가 심해지는 이유는 무엇일까요? 이런 질문을 하면 왠지 해양 오염 물질이 떠오르죠. 물론, 바닷가 근처에 지어진 공장이나 파도를 막기 위해서 만든 방파제로부터 나온 콘크리트가 바다로 흘러 들어가는 것도 바다 사막화의 중요한 원인 중 하나예요. 하지만 콘크리트만 바다 사막화를 일으킨다고 단정 지을 순 없답니다. 바다 사막화를 일으키는 생물도 있어요. 바로 미역, 다시마, 김을 닥치는 대로 먹어 치우는 성게예요. 까만 별처럼 생긴 성게는 우리나라 앞바다에서 서식하고 있으며 그 수가 매우 증가하고 있어요. 그 이유 중의 하나는 지구 온난화 때문이에요. 우리나라 앞바다의 온도가 빠르게 올라가면서 주로 따뜻한 바다에서 사는 것을 좋아하는 성게의 개체수가 늘어날 수밖에 없는 상황이에요. 게다가 성게를 잡아먹는 돌돔이라는 포식자의 수도 줄어들고 있다고 해요. 돌돔은 성게가 좋아하는 바다 온도를 썩 좋아하지 않아요. 성게를 잡아먹는 포식자의 수가 줄어들어 성게가 잘 자랄 수밖에 없는 조건이 되니 성게의 수가 늘어난 것이죠.

바닷속에 침투한 콘크리트와 급속도로 증가한 성게 때문에 우리나라 앞바다는 점점 더 황폐해지고 있어요. 푸르고 울창한 숲을 이루는 해조류가 충분히 자랄 수 없어서 바다 생물들도 정착하기가 더욱 어려워지고 있고요. 물론 과학자들이 바다 사막화를 막으려고 일부러 바닷속에 미역, 김, 다시마 같은 해조류를 심고 있지만 성게가 번식하는 속도가 너무 빨라서 해조류가 충분히 자라기 어렵다고 해요.

물고기 치치가 어릴 적 지냈던 제주 앞바다가 다시 회복될 수 있을지 무척 궁금해지네요. 치치가 속상한 이유가 무척 이해돼요.

글쓰기에 힘이 되는 **배경 지식 알아보기**

바다 사막화를 막기 위해서 과학자들이 인공 어초를 만들고 있어요. 인공 어초는 해양 생물이 잘 자랄 수 있는 환경을 만들기 위해서 인공적으로 해조류 군락을 조성한 것이죠. 바다 사막화가 진행되고 있는 곳에는 미역, 다시마, 김과 같은 해조류가 스스로 뿌리를 내리면서 성장하기 정말 어려워요. 그래서 마치 우리가 화분에 식물을 심어 기르는 것처럼 바다에 인공적으로 해조류를 심는 것이에요. 예를 들면 버려진 타이어에 해조류를 심어 뿌리를 내리도록 한 뒤, 그것을 바닷속에 담가 해조류가 무성히 잘 자랄 수 있도록 하는 것이죠.

이렇게 황폐한 바닷속 생태계를 다시 되돌려서 물고기들이 해조류 속에서 잘 지내고, 다시 바닷속 생태계가 풍성하게끔 해주는 사람도 있어요. 바로 인공 어초 연구개발자들이에요. 이 직업은 바다에 해조류 숲을 만들어서 죽어가는 바다를 다시 살리는 일을 주로 한답니다. 이 직업을 가진 사람들은 해양학 지식뿐만 아니라 건설에 대한 지식도 풍부하게 가지고 있어야 한다고 해요. 물론 한 번 황폐해진 바다를 다시 되돌리는 것은 정말 어렵지만, 포기하지 않고 바닷속 환경을 보호하고 풍성하게 만드는 사람들이 있다는 것이 다행이에요.

오늘의 과학 글쓰기

(글쓰기를 준비해요!)

앞서 읽은 글을 바탕으로 바다 사막화에 대한 마인드맵을 한번 채워봅시다.

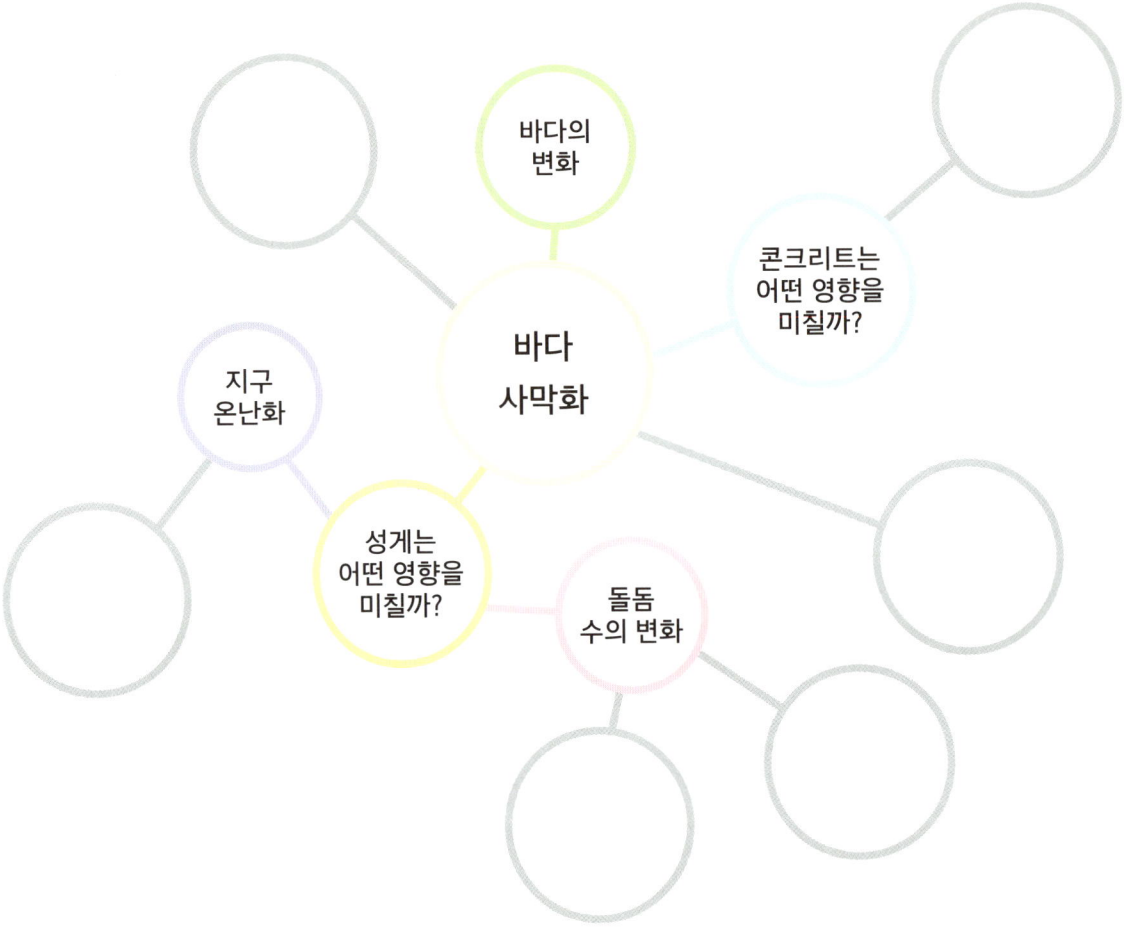

(라디오에 사연을 전달할 때 꼭 필요한 내용을 알아볼까요?)

가족들과 자동차를 타고 먼 거리를 이동할 때 흘러나오는 라디오를 들어본 적이 있나요? 라디오에는 각자의 색이 또렷한 사연들이 나오죠. 예를 들면, 배꼽 빠질 정도로 웃긴 이야기도 있고, 가슴이 저리도록 슬픈 이야기도 있죠.

오늘은 자신이 살던 고향을 잃을 위기에 처한 치치의 사연을 전달하는 글을 써볼 거예요. 치치가 처한 어려움이 무엇인지 솔직하고 담백하게 써보도록 노력해보세요. 여러분이 라디오에 전해준 사연을 치치가 듣게 된다면 정말 감동할 거예요.

| 함께 써볼까요? | 라디오에 사연 전달하기 |

글을 쓰면서 잊지 말아야 할 중요한 점을 알려 줄게요. 여러분의 글에 다음의 내용이 포함되었는지 체크 표시를 해보세요.

☐ 물고기 치치가 처한 문제 상황이 무엇인지 한 번 더 생각해요.

☐ 지구 온난화는 성게의 수에 어떤 영향을 미치는지 한 번 더 생각해요.

① 물고기 치치가 현재 처한 **문제 상황**은 무엇일까요?

TIP! 여러분이 마치 물고기 치치라고 생각해보고 치치가 어떤 마음일지 공감하는 글을 써보세요.

_____

_____

_____

② 어릴 적 물고기 치치가 살던 바다에 지금은 **성게**가 많이 산다고 해요. 성게가 많아진 것이 치치가 처한 문제 상황과 어떤 관련이 있나요?

_____

_____

_____

_____

③ 바다 사막화가 치치만의 문제는 아닌 것 같아요. 우리가 함께 이 문제에 관심을 가져야 하는 **이유**는 무엇일까요?

_____

_____

_____

_____

3장 생태계

13일차 지도엔 없는 섬이 있다고?

글쓰기한 날짜
◯ 월 ◯ 일 (◯ 요일)

글쓰기 종류 설명하는 글쓰기

#해양쓰레기
#쓰레기섬(GPGP)

오늘의 글쓰기 상황

토미는 인터넷을 보다가 우연히 태평양 한가운데에 지도에 존재하지 않는 섬이 있다는 기사를 보게 되었어요. 도대체 지도에 존재하지 않은 섬이 어떻게 생길 수 있었는지, 그 섬에 얽힌 또 다른 사연이 있는지 계속 궁금해졌어요. 토미의 궁금증을 함께 해결해볼까요?

시미쌤의 과학 이야기

여러분은 지도에 존재하지 않은 섬이 있다는 사실을 믿을 수 있나요? '지도'란 지구 표면에 존재하고 있는 상태, 예를 들면 땅, 바다, 호수, 등을 기호나 색을 이용해서 표현한 것이에요. 지도는 지구에서 가보기 어려운 곳도 표시하기 때문에 한 번도 가보지 못한 곳을 여행할 때도 꼭 필요하지요. 그런데 바다에 존재하지만 지도에는 표시되지 않은 곳이 있어요. 심지어 이 지역은 매년 그 크기가 커지고 있다고 하니 더욱 놀라운데요. 2011년도에는 대한민국 면적의 절반 정도였지만 7년 뒤인 2018년도에는 대한민국 면적의 무려 14배만큼 커졌어요. 이 지역은 정식 명칭으로는 태평양 거대 쓰레기 지대(Great Pacific Garbage Patch)라고 하고, 줄여서 GPGP라고 부르는 ==쓰레기 섬==이랍니다. 쓰레기 섬이라고 해서 사람이나 동물이 누워서 지낼 수 있을 정도로 육지가 있는 실제 섬의 형태는 아니에요. 그저 바다에 둥둥 떠다니는 쓰레기들이 아주 많이 모여 있는 형태가 마치 섬과 같아서 쓰레기 섬이라는 이름을 붙였지요.

그렇다면 쓰레기 섬이 생기는 이유는 무엇일까요? 사람들이 일부러 쓰레기를 태평양 한가운데까지 가져와서 버리고 도망간 것일까요? 사실 지구를 이루는 바다는 계속 ==순환==하는 특성이 있어요. 순환이란 주기적으로 되풀이하는 과정을 말하죠. 우리 몸에도 순환을 담당하는 곳이 있지요. 온몸 곳곳에 퍼져 있는 혈액이 한 곳에만 가만히 있는 것이 아니라 심장의 운동에 의해서 온몸으로 돌면서 퍼지는 것이죠. 혈액의 순환 과정을 통해 우리 몸에 쌓인 찌꺼기는 밖으로 빠져나가고, 좋은 영양분은 필요한 곳으로 전달돼요. 바다도 마찬가지예요. 만약 바다가 순환하지 않고 한 자리에 가만히 있게 된다면 바다 생물들에게 필요한 영양분이 없을 수도 있어요. 그렇다면 바다의 순환과 쓰레기 섬은 어떤 관련이 있을까요?

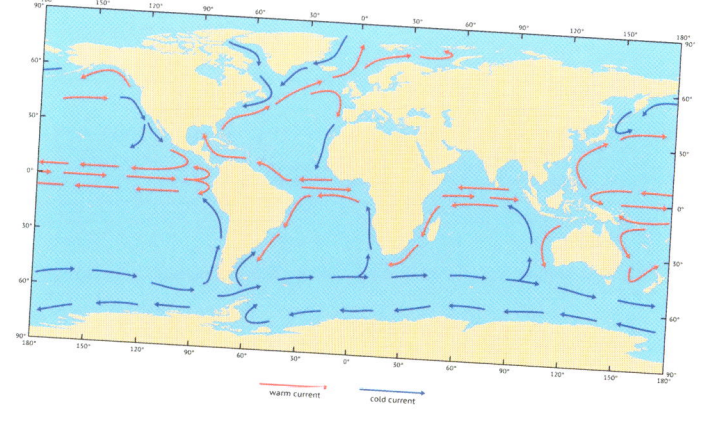

과학자들은 우리 몸처럼 바다도 순환한다는 사실을 알게 되었고, 바다의 흐름이라는 뜻을 가진 해류라고 이름을 붙였어요. 해류는 말 그대로 바다의 움직임이에요. 바람에 의해서 이리저리 움직이는 파도와는 달라요. 파도나 가끔 부는 잔잔한 바람과 관계없이 바닷물의 지속적이고 일정한 흐름을 해류라고 해요. 우리나라 근처에도 태풍과 바람, 파도에 상관없이 꾸준히 흐르는 해류가 있어요. 태평양 근처에도, 대서양 근처에도 마치 바다에 길이 있는 것처럼 꾸준히 흐르는 해류가 있답니다.

그런데 사람들이 여러 가지 이유로 바다에 플라스틱 쓰레기를 많이 버리면서 쓰레기들이 규칙적인 바다의 흐름인 해류를 타고 움직이게 되었죠. 고속도로에 있는 차들이 모두 같은 곳을 향해 간다면 최종 목적지에는 얼마나 많은 사람이 모일까요? 이 상황을 떠올려 보면 쓰레기 섬이 왜 생겼는지 이해할 수 있어요. 바다에 둥둥 떠다니는 쓰레기들이 일정한 바다의 흐름을 타고 한 곳에 모이게 된다면, 그곳에는 자연스럽게 쓰레기가 쌓일 수밖에 없죠. 바다의 순환을 돕는 해류 때문에 쓰레기 섬이 생기게 된 거예요.

이러한 쓰레기 섬은 바다 생물들의 생존에도 큰 영향을 미쳐요. 바다 근처에 사는 생물들이 쓰레기를 먹이로 착각해서 무심코 먹는 일이 정말 많다고 해요. 심지어 태평양에 존재하는 쓰레기 섬에

사는 해양 조류들을 조사한 결과, 10마리 중에서 8~9마리의 뱃속에 플라스틱이 가득 들어 있다는 것을 알게 되었죠. 게다가 이러한 쓰레기들은 바다의 미역, 산호 등과 같은 해조류나 또 다른 쓰레기와 부딪히면서 조금씩 작은 조각인 미세 플라스틱으로 분해되어요. 이렇게 만들어진 미세 플라스틱을 바닷속에 사는 물고기가 먹게 되면, 결국 물고기를 먹는 사람들의 몸에도 미세 플라스틱이 쌓이게 되죠. 하지만 태평양의 거대 쓰레기 섬을 아무도 치우고 싶어 하지 않아요. 왜냐하면 쓰레기 섬이 위치한 곳은 주인이 없는 바다이기 때문이에요. 쓰레기 섬이 위치한 곳은 공해라서 너도나도 그 책임을 미루고 있다고 해요. 쓰레기를 치우는 비용이 많이 들지만 계속해서 커지는 이 쓰레기 섬을 두고만 볼 수는 없다고 생각해요. 여러분이 주변에 쓰레기 섬 문제를 꼭 알려 주면 좋겠어요!

글쓰기에 힘이 되는 배경 지식 알아보기

GPGP라고 부르는 쓰레기 섬은 우리나라 바다도 아니고, 미국 바다도 아닙니다. 어떤 나라 바다라고 말하기 어려운 공해(公海)에 속하기 때문에 누구도 적극적으로 해양 쓰레기를 치우지 않아요. 공해는 공공의 바다라는 뜻의 줄임말로, 어느 나라에 속하지 않으며 모든 나라가 공통으로 사용하는 바다를 의미해요.

사람들이 버리는 것은 적극적으로 하면서 치우는 것은 소극적인 쓰레기 섬 문제를 그냥 두면 어떻게 될까요? 온 바다가 쓰레기로 뒤덮일 수도 있겠죠. 이러한 상황에 마음이 아팠던 한 청년이 좋은 아이디어를 냈답니다. 네덜란드 출신의 보얀 슬랫은 해양 쓰레기 청소 선박을 개발했어요. 이 청소 선박에는 그물이 설치되어 있지 않고 플라스틱 쓰레기만 수거하기 위한 U자 모양의 거대 튜브가 실려 있어요. 그물을 사용하면 가끔 해양 생물들이 그물에 걸려 안타까운 목숨을 잃을 수 있지만, 튜브를 사용하면 실수로 빠진 해양 생물들이 다시 바다로 돌아갈 수 있기 때문이에요. 실제로 보얀 슬랫이 만든 쓰레기 청소 선박은 2020년도까지 쓰레기 섬의 절반을 정리했다고 해요.

오늘의 과학 글쓰기

글쓰기를 준비해요!

과학 이야기를 읽고 난 뒤, O/× 퀴즈를 풀어봅시다.

① 쓰레기 섬은 사람이나 동물이 누워서 지낼 수 있는 실제 섬이다. (O / ×)

② 지구를 이루는 바다는 순환하는 특성이 있는데, 이 과정을 통해 바다 생물들에게 필요한 영양분이 공급된다. (O / ×)

③ 해류는 바다의 움직임인데, 바람에 의해서 이리저리 움직이는 파도와 같다. (O / ×)

④ 바다 근처에 사는 생물들이 쓰레기를 먹이로 착각해서 무심코 먹는 일이 있는데, 이는 동물과 인간에게 나쁜 영향을 미친다. (O / ×)

⑤ 쓰레기 섬이 위치한 곳이 공해이기 때문에 태평양 주변 국가들이 쓰레기 섬을 적극적으로 치우려고 하지 않는다. (O / ×)

쓰레기 섬에 관해 설명하는 글쓰기에 대해 알아볼까요?

오늘은 바다에 쌓인 쓰레기가 거대한 섬을 이루며 바닷속 생태계를 위협한다는 이야기를 읽었어요. 게다가 쓰레기 섬을 치우지 않으려고 너도나도 책임을 회피한다는 슬픈 소식도 함께 알아보았어요.

바닷속 생태계가 위험에 처한 소식을 우리만 알면 안 되겠죠? 많은 사람에게 이러한 어려움을 알려서 더 많은 사람이 쓰레기 섬에 관심을 갖도록 해야 해요. ==쓰레기 섬이 어디에 있는지, 왜 우리 생태계에 위협이 되는지를 핵심을 콕 집어서 설명하세요.== 길지 않아도 괜찮아요. 오히려 너무 긴 글은 읽는 사람에게 부담이 될 수도 있으니까요.

답 ① ×, ② O, ③ ×, ④ O, ⑤ O

함께 써볼까요? 쓰레기 섬을 설명하는 글쓰기

글을 쓰면서 잊지 말아야 할 중요한 점을 알려 줄게요. 여러분의 글에 다음의 내용이 포함되었는지 체크 표시를 해보세요.

- [ ] 과학 이야기를 참고해서 쓰레기 섬의 위치를 정확히 써요.
- [ ] 해류의 의미가 무엇인지 떠올리며 쓰레기 섬이 어떻게 만들어졌는지 설명해요.
- [ ] 미세 플라스틱 때문에 해양 생물들이 어떠한 어려움을 겪을지 생각해보고 글로 써요.

3장 생태계

① 쓰레기 섬은 **어디에** 있나요?

② 쓰레기 섬은 **어떻게** 만들어졌나요? **해류**와 연결 지어 설명해보세요.

③ 쓰레기 섬이 해양 생물과 인간에게 **왜** 나쁜 영향을 미치는지 설명해보세요.
   TIP! 만약 내가 쓰레기를 먹은 바다 거북 또는 물고기라면 기분이 어떨지 생각해봐도 좋아요.

14 일차

동물원의 동물들은 어떤 하루를 보낼까?

글쓰기한 날짜

 월  일 (요일)

글쓰기 종류 기사문 쓰기

#동물원 #사육사

오늘의 글쓰기 상황

지미, 토미, 요미는 학교에서 소풍으로 동물원에 갔어요. 사자, 호랑이, 토끼 등 많은 동물들을 동물원에서 어떻게 돌보는지 궁금해졌어요. 또한 동물원의 동물들은 사육사의 도움을 받아 산다고 하는데, 동물원에서 사육사는 무슨 일을 하는지도 궁금해졌어요. 사육사와 동물원에 대해서 자세히 알아볼까요?

시미쌤의 과학 이야기

한번쯤 동물원에 가본 적이 있나요? 화창한 봄날 가족이나 친구들과 함께 귀여운 동물들을 보는 것은 참 기분 좋은 일이에요. 동물원에 가면 평상시에 보기 어렵고 집에서 기르기 어려운 기린, 코끼리, 하마, 호랑이 등 다양한 동물들을 직접 볼 수 있어요. 그런데 우리가 이렇게 동물을 가까운 곳에서 볼 수 있도록 뒤에서 열심히 일하는 사람들이 있어요. 우리가 동물원에서 동물의 매력에 푹 빠져서 즐거운 하루를 보낼 수 있는 것은 동물을 정성껏 돌보는 사육사가 있기 때문이에요.

오늘은 시미쌤이 사육사의 입장에서 동물원을 한번 살펴보려고 해요. 사육사는 말 그대로 동물을 정성껏 보살피고 기르는 직업을 가진 사람을 말해요. 동물원에서 가장 많은 일하는 직업군이 사육사라고 하니 사육사의 역할이 얼마나 중요한지 알 수 있어요. 그런데 사육사에게는 인내심이 꽤 많이 필요해요. 왜냐하면 실내에서 주로 생활하는 사람과 달리 동물들은 실외에서 주로 지내야 하므로 사육사는 무더운 여름에도, 추운 겨울에도 주로 밖에서 일해야 해요. 또 여러 가지 동물 냄새가 나는 곳에서 일하기도 하지요. 왜냐하면 동물과 떨어져서는 안 되는 직업이기 때문이에요.

사육사에게 가장 중요한 임무가 무엇일까요? 동물원에서 지내는 동물은 야생 동물과 달리 직접 사냥을 해서 먹이를 구하지 않아요. 그래서 사육사는 동물이 굶어 죽지 않고 건강하게 성장할 수 있도록 매일 깨끗한 물과 음식을 주죠. 동물이 너무 뚱뚱해져서 움직이기 어려울 정도가 되지 않도록 적당량의 음식을 주는 것도 중요해요. 주변 동물들의 힘에 밀려서 혼자서 굶고 있는 동물이 있는지 확인하는 것도 중요하지요. 마지막으로 동물이 배출한 소변과 대변을 오래 두지 않고 깨끗하게 치워 주는 것도 정말 중요해요!

와, 이렇게 보니 사육사가 하는 일이 정말 많네요. 하지만 여기서 끝이 아니에요. 사육사는 퇴근하기 전에 동물들이 지내는 공간의 문을 제대로 걸어 잠갔는지 꼭 확인해야 해요. 만약, 동물원 문을 제대로 걸어 잠그지 않았는데 그 공간에 사자와 호랑이 같은 맹수가 있다면 어떻게 될까요? 생각만 해도 아찔해요.

그렇다면 이렇게 꼼꼼하게 동물을 보살피는 사육사들이 있으니 우리는 마음대로 동물을 관람해도 될까요? 그렇지 않아요. 사육사들이 입을 모아 강조하는 '동물 관람 시 지켜야 할 예의'에 대해서 알아볼까요?

동물원에는 사람이 매우 북적이기 때문에 동물들은 매우 예민해요. 그래서 동물들은 최대한 움직임을 적게 하며 사람들로 인한

스트레스를 줄이려고 노력한답니다. 가만히 있는 것처럼 보이는 동물들이 사실은 스트레스에 오랫동안 노출되어 있다는 것이죠. 그런 동물들에게 거울로 빛을 반사해 움직이게끔 한다거나 물건을 던지는 행동을 하면 절대 안 돼요. 그리고 동물이 정해진 양을 넘어선 음식을 먹게 되면 건강에 문제가 생기거나 마구잡이로 준 음식에 세균이 있다면 동물이 배탈로 크게 고생할 수 있으니 동물이 지내는 공간 안으로 음식을 마구 던지면 안 돼죠. 평온한 동물원에서 보이지 않게 애쓰는 사육사들의 삶을 알게 되니 사육사가 참 멋지다는 생각이 들어요.

글쓰기에 힘이 되는 배경 지식 알아보기

사람이 아프면 병원에 가서 의사 선생님의 진료를 받지요? 그렇다면 동물이 아프면 어디로 갈까요? 반려동물을 키워본 경험이 있다면 쉽게 알 수 있죠. 바로 동물 병원에 계시는 수의사 선생님께 찾아간답니다. 그렇다면 혹시 수의사는 어떤 일을 하는지 곰곰이 생각해 본 적이 있나요? 사람을 치료하는 의사와 달리 동물을 치료하는 수의사는 더욱 꼼꼼하고 경험도 많아야 한답니다. 사람을 치료할 때는 대화를 하면서 아픈 곳이 어디인지, 얼만큼 아픈지를 판단할 수 있어요. 하지만 동물과는 말로 쉽게 대화할 수 없기 때문에 동물의 아픈 부위만 보고 얼만큼 아픈지, 얼마나 오랫동안 아팠는지 등을 추측해야 해요.

많은 동물이 함께 지내는 동물원에는 수의사가 꼭 필요하겠죠? 사육사가 자신이 돌보는 동물이 아프다는 것을 알게 되면 보통 동물원과 연계된 수의사에게 연락한답니다. 그러면 아픈 사람이 병원을 직접 찾아가는 것과 달리 수의사가 아픈 동물을 만나러 직접 동물원으로 와요. 물론 여건이 된다면 동물원을 나와 동물 병원으로 직접 갈 수도 있지만 그런 일은 거의 드물답니다.

글쓰기를 준비해요!

과학 이야기를 읽고 난 뒤, O/× 퀴즈를 풀어봅시다.

① 사육사는 동물을 정성을 다해 보살피며, 동물원에서 가장 많은 직업이다. (O / ×)

② 동물원에서 지내는 동물은 보통 야생 동물처럼 직접 사냥해서 먹이를 구한다. (O / ×)

③ 동물이 굶어 죽지 않고 건강하게 성장할 수 있도록 사육사는 2~3일에 한 번씩 깨끗한 물을 줘야 한다. (O / ×)

④ 사육사는 퇴근하기 전에 동물들이 지내는 공간의 문을 제대로 걸어 잠갔는지 꼭 확인해야 한다. (O / ×)

⑤ 동물이 오랫동안 동물원에 있으면 배가 고플 수 있기에 관람객은 우리 안의 동물에게 음식을 던져주는 것이 좋다. (O / ×)

사육사의 삶에 대한 기사문 쓰기에 대해 알아볼까요?

오늘은 동물원의 동물을 진심으로 보살펴 주는 사육사에 대해 알아봤어요. 시미쌤도 사육사라는 직업이 그저 동물에게 먹을 것만을 주는 사람인 줄 알았는데 이렇게 다양한 일을 하는지 잘 몰랐어요.

아마 많은 사람이 시미쌤처럼 사육사가 어떤 일을 하는지 잘 모를 수도 있어요. ==사람들이 여러분이 쓴 기사글에 관심을 둘 수 있도록 핵심을 담아 기사 제목을 쓰세요.==

예를 들면, '사육사의 24시간을 알아봅시다!'와 같이 제목을 지을 수도 있어요. 사육사의 삶에 관하여 진실한 정보를 찾아가며 기사를 써주세요. 사육사에 관해 사실과 다른, 일명 '가짜 뉴스'를 쓰지 않도록 조심하세요.

정답 ① O ② × ③ × ④ O ⑤ ×

| 함께 써볼까요? | 사육사의 삶을 소개하는 기사문 작성하기

글을 쓰면서 잊지 말아야 할 중요한 점을 알려 줄게요. 여러분의 글에 다음의 내용이 포함되었는지 체크 표시를 해보세요.

☐ 사람들이 사육사의 삶에 관심을 가질 수 있는 제목을 작성해요.

☐ 과학 이야기를 참고하고 관련된 내용을 검색해 사육사의 하루 일과표를 작성해요.

① 기사의 **제목**은 어떻게 지을까요?

_____

_____

② 사육사의 하루 일과가 어떤지 알아보고 하루 일과표를 만들어 **설명**해보세요.

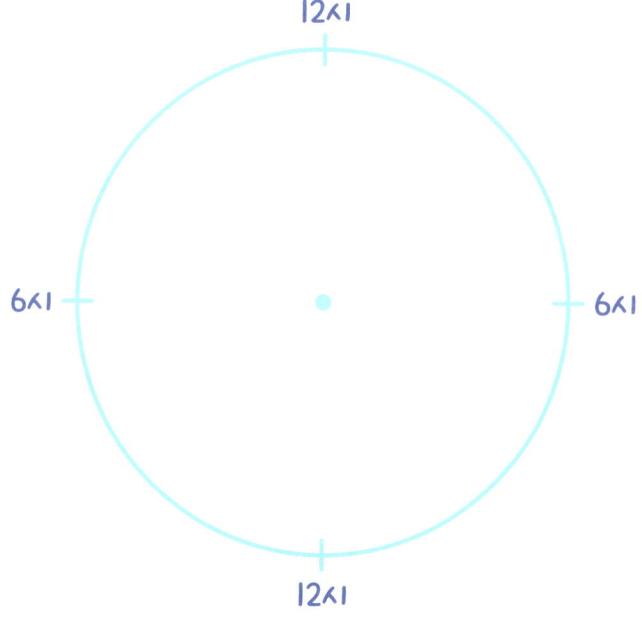

_____

_____

_____

15 일차

제주도에서 돌고래를 봤다고?

글쓰기한 날짜
○ 월 ○ 일 (○ 요일)

글쓰기 종류 경험 글쓰기

#제주남방큰돌고래

(오늘의 글쓰기 상황)

여름 방학에 부모님과 제주도에 놀러 간 토미! 에메랄드빛 제주 앞바다를 바라보던 중, 우연히 발견한 귀여운 생명체가 있었어요. 바로 제주도에만 사는 귀한 생명체인 제주남방큰돌고래예요! 돌고래가 너무 귀여웠던 토미는 그만 먹고 있던 바나나를 돌고래에게 던져 주고 말았어요. 그런 토미의 모습을 본 바다 관리인이 쫓아왔어요. 이게 무슨 일일까요?

시미쌤의 과학 이야기

여러분은 제주도에 놀러 가본 적이 있나요? 제주도에는 맛있는 음식, 볼거리가 많아요. 회도 있고, 빵도 있고, 맛있는 떡도 있어요. 멋진 한라산도 최고고요. 부모님이나 친구들과 제주도 앞바다를 걷다 보면 마음도 상쾌해져요. 이렇게 멋진 제주도에 또 다른 명물이 있답니다. 제주도를 대표하며 제주 앞바다를 지키는 돌고래예요. 제주도에 사는 돌고래는 종류가 꽤 많지만 오늘 집중해서 알아볼 돌고래는 깊은 바다보다는 얕은 바다에서 주로 사는 제주 남방큰돌고래입니다. 제주 남방큰돌고래는 매끈매끈한 피부와 힘찬 움직임, 귀여운 얼굴로도 유명하지만 사실 우리나라 동물 보호의 역사에 아주 중요한 역할을 했답니다.

오늘 이야기의 주인공인 제주 남방큰돌고래 제돌이의 이야기를 들려 줄게요. 제주 앞바다에서 그물에 걸린 돌고래 '제돌이'는 돌고래쇼 회사로 팔리게 돼요. 원래는 돌고래가 잡히면 반드시 풀어줘야 하는데 말이죠.

이렇게 불법적으로 잡힌 제돌이는 아주 좁은 수족관에서 갇혀 있다시피 살게 되었어요. 수족관의 물은 제주 앞바다만큼 깨끗한 물도 아니었어요. 게다가 음식의 질도 무척 좋지 않았어요. 제돌이와 함께 잡혀 온 돌고래 친구들은 결국 음식 먹는 것을 거부하는 지경에 이르렀어요. 이렇게 제돌이가 수족관에 갇혀 있는 것을 힘들어 해도 다시 바다로 되돌려보내주지 않았어요. 제돌이는 돌고래쇼를 하는 운명에서 벗어나지 못한 채 하루에 네 번씩 돌고래쇼를 했지요. 하지만 자유롭게 지내지 못하는 제돌이와 돌고래 친구들을 보며 마음이 아팠던 사람들이 힘을 모아 돌고래들을 제주 앞바다로 다시 돌려보내자는 운동을 했어요.

그래서 제돌이는 사랑이 넘치는 사육사와 전문가의 도움 끝에 제주 앞바다로 다시 돌아가 새끼도 낳고 행복하게 지낼 수 있게 되었어요.

제돌이와 돌고래 친구들이 다시 바다로 돌아간 사건 이후로 사람들은 동물원에 있는 동물들에 대해서 다시 생각하게 되었어요. 단순히 우리의 즐거움과 기쁨을 주는 동물을 넘어서 동물들이 자연으로 돌아가고 싶다면 돌려보내는 것이 중요하다는 것도 깨닫게 되었죠. 그래서 우리나라는 제주 남방큰돌고래가 돌고래쇼와 같은 학대 행위로 피해받지 않도록 보호 대상 해양 생물로 지정했고, 불법으로 돌고래를 잡으면 처벌하는 법도 만들었답니다. 국제적으로 동물이 동물답게 살 수 있도록 동물원이나 수족관에서 꼭 지켜져야 하는 다섯 가지의 권리가 있어요. 동물이 배고픔을 겪지 않도록, 불편함을 겪지 않도록, 상처나 질병으로 고통받지 않도록, 외부의 두려움과 공포로 고통받지 않도록, 정상적인 행동을 할 수 있도록 도와야 해요. 여러분도 동물원이나 수족관에 갔을 때 동물이 다섯 가지 원칙에 따라 지낼 수 있도록 배려할 수 있는 멋진 학생이 되길 진심으로 바라요.

동물의 다섯 가지 권리

① 동물은 배고픔을 겪지 않고 지낼 권리가 있어요.

② 동물은 불편한 환경에서 지내지 않을 권리가 있어요.

③ 동물은 상처나 질병으로부터 고통받지 않을 권리가 있어요.

④ 동물은 야생에서 살던 자신의 자연스러운 행동을 유지할 권리가 있어요.

⑤ 동물은 두려움과 공포로부터 고통받지 않을 권리가 있어요.

 글쓰기에 힘이 되는 **배경 지식 알아보기**

제주 남방큰돌고래가 동물원에서 제주 앞바다로 다시 돌아간 이야기를 읽고 나면 '동물원이나 수족관에 사는 동물들은 자연으로 돌아갈 때 어떻게 이동할까?'와 같은 질문이 생길 수 있을 것 같아요. 동물은 사람처럼 자동차에 태워 쉽게 이동할 수 없을 것 같은데 말이죠. 시미쌤이 여러분의 궁금증을 미리 알아채고 조사해봤어요.

가장 먼저 동물이 이동할 때는 반드시 이동 상자에 넣어야 해요. 이때 동물을 강제로 이동 상자에 넣는 것이 아니라 동물이 자발적으로 들어갈 수 있도록 적당한 환경을 만든답니다. 예를 들면 이동하기 며칠 전부터 이동 상자 주위에 먹이를 두면서 환경에 익숙해지도록 해요. 그리고 먹이를 먹는 공간을 점점 이동 상자와 가까이 둔답니다.

또 동물이 이동할 때 이동 상자가 부서지면 정말 큰일이겠죠? 짧은 거리를 가거나 아주 먼 거리를 가더라도 이동 상자가 부서지지 않도록 매우 튼튼하게 만들어요. 보통 이동 상자는 두 겹으로 만들어요. 나무를 이용해서 기본 틀을 잡은 뒤 사자나 호랑이처럼 사나운 동물이 움직여도 부서지지 않도록 철을 이용해 덧댄답니다.

그렇다면 제주 남방큰돌고래는 어떻게 제주 앞바다까지 오게 되었을까요? 제주 남방큰돌고래는 스트레스를 가장 덜 받고 빠르게 데려오기 위해서 비행기로 이동했어요. 사람과 돌고래가 함께 비행기를 타고 오는 것이 아니고 돌고래 한 마리만 비행기로 싣고 왔어요. 물론 이때에도 비행기 안에 돌고래만 오는 것이 아니라 사육사가 함께 타서 돌고래를 아주 정성스럽게 돌보았어요.

오늘의 과학 글쓰기

글쓰기를 준비해요!

과학 이야기를 읽고 난 뒤, O/✕ 퀴즈를 풀어봅시다.

① 제돌이는 제주도 앞바다에 사는 제주 남방큰돌고래와 같은 종이다. (O/✕)

② 제돌이가 지냈던 수족관은 넓고 깨끗해서 돌고래쇼에만 집중하기에 좋은 곳이었다. (O/✕)

③ 제돌이와 돌고래 친구들은 너무 오랫동안 바다를 떠난 나머지 다시 제주 앞바다로 돌아갔을 때 잘 적응하지 못했다. (O/✕)

④ 제돌이와 돌고래 친구들 덕분에 사람들은 동물의 살 권리에 대해서 깊이 생각하게 되었고, 제주 남방큰돌고래는 보호 대상 해양 생물로 지정되었다. (O/✕)

⑤ 동물원이나 수족관에서 지내는 생물들이 동물이 배고픔이나 불편함을 겪지 않고 상처나 질병, 외부의 두려움과 공포로 고통받지 않고, 정상적인 행동을 할 수 있도록 도와줘야 한다. (O/✕)

'동물의 다섯 가지 권리'를 떠올리며 내 경험을 설명하는 글쓰기에 대해 알아볼까요?

오늘은 제돌이 이야기를 통해서 사람뿐만 아니라 동물도 보호받아야 할 존재라는 것을 다시 느끼게 되었어요. 특히 동물에게서 꼭 지켜져야 할 다섯 가지 권리에 대해서도 살펴봤어요. 권리란 마땅히 누릴 수 있는 것으로 동물의 권리(줄임말로 동물권) 역시 동물이라면 마땅히 누려야 하는 것을 의미해요. 오늘은 동물의 다섯 가지 권리에 대해 집중해서 글을 써볼 거예요. 내가 겪은 수족관과 동물원은 어땠는지 경험을 곰곰이 떠올리며 글을 쓰는 것이 포인트예요. 동물의 다섯 가지 권리에 대해서 너무 어렵게 생각하지 말고 내 경험에 비추어 생각해 보는 것이 중요하답니다.

답 ① O, ② ✕, ③ ✕, ④ O, ⑤ O

| 함께 써볼까요? | 경험을 바탕으로 동물의 권리에 관한 생각을 작성하기 |

글을 쓰면서 잊지 말아야 할 중요한 점을 알려줄게요. 여러분의 글에 다음의 내용이 포함되었는지 체크 표시를 해보세요.

- [ ] 동물원이나 수족관에 가본 경험이 있다면 써보세요.
- [ ] 여러분의 경험 속 동물은 동물의 다섯 가지 권리 중 어떤 권리를 빼앗기고 있는지, 어떤 권리가 지켜지고 있는지 떠올려보세요.
- [ ] 동물의 다섯 가지 권리는 103쪽을 참고해요.

동물원이나 수족관에 갔던 경험을 떠올렸을 때 동물의 다섯 가지 권리 중 _____

가 (빼앗기고/지켜지고) 있다고 생각합니다. 왜냐하면, _____

16일차

서로 도움이 되는 관계가 있다고?

글쓰기한 날짜
　　월　　일 (　　요일)

글쓰기 종류 소개하는 글쓰기

#공생　#생물다양성

오늘의 글쓰기 상황

지미, 요미, 토미가 학교에서 서로 친하게 잘 지내는 모습을 보고 담임 선생님께서 "세 친구는 서로 공생 관계구나!"라고 말씀하셨어요. 그런데 지미, 요미, 토미는 공생 관계가 무슨 의미인지 잘 모른 채 선생님의 말씀에 그저 고개를 끄덕이고 말았답니다. 여러분, 공생 관계는 서로에게 어떤 관계라는 의미일까요?

시미쌤의 과학 이야기

여러분은 어떤 사람과 함께 있을 때 행복한가요? 여러분이 자주 만나는 학교 친구나 학원 친구를 떠올려보세요. 나의 이야기를 잘 들어주는 친구 덕분에 행복할 수 있고, 맛있는 것을 함께 나눠 먹는 친구가 있어 즐거울 수 있어요. 혹은 그저 곁에 있어 주는 것만으로도 좋은 친구가 있을 수도 있지요. 이런 친구들 덕분에 우리는 우울하고 힘든 날도 가뿐하게 이겨낼 수 있다고 생각해요. 서로가 서로에게 힘이 되는 친구가 곁에 있는 것은 좋은 관계라고 생각해요. 이처럼 서로가 서로에게 긍정적인 영향을 주면서 함께 잘 살아가는 관계를 공생 관계라고 해요. 지미, 요미, 토미의 관계를 보고 담임 선생님께서 왜 공생 관계라고 말씀하셨는지 이해가 되나요?

공생 관계가 사람과 사람 사이의 친구 관계에만 있는 것이 아니라 생태계에 두루 존재한답니다. 서로 공생 관계라고 생각지도 못했던 생물들도 있어요. 예를 들면 새와 과일도 서로 돕고 돕는 공생 관계랍니다. 새들은 과일을 참 좋아해요. 땅에서 사는 동물들과 달리 새는 하늘 위를 높게 날아다니면서 맛있게 익은 과일을 더 잘 발견할 수 있어요. 감이나 딸기처럼 씨앗이 두드러지는 열매를 먹고 난 뒤 여기저기 돌아다니며 배설을 하지요. 그러면 배설물에 섞인 감이나 딸기의 씨앗이 땅에 떨어져 비가 오고 햇빛을 받으면 싹이 나요. 새들이 감과 딸기의 씨앗을 여기저기 옮겨주는 셈이죠. 새가 감과 딸기 열매를 맛있게 먹고 나면 큰 힘을 들이지 않더라도 감과 딸기의 씨앗이 멀리멀리 퍼지게 되지요. 이렇게 보니 새과 과일은 서로가 서로에게 도움이 되는 공생 관계가 맞네요.

가슴에 멋진 V 모양이 있는 반달가슴곰을 아나요? 반달가슴곰은 우리나라 건국 신화인 단군 신화 속 곰으로도 유명해요. 반달가슴곰은 딱딱한 도토리, 알밤, 돌배와 같은 딱딱한 열매를 먹어요. 그런데 반달가슴곰이 좋아하는 열매는 표면이 딱딱해서 완전히 소화해내지 못한다고 해요. 특히 열매 속에 있는 씨앗은 고작 30%만 소화된다고 해요. 하지만 반달가슴곰의 뱃속에서 어느 정도 물컹물컹해진 씨앗이 밖으로 배출될 때 놀라운 일이 벌어진답니다. 뱃속을 지나며 물컹물컹해진 씨앗은 딱딱한 씨앗보다 싹을 더 잘 틔울 수 있다고 해요. 반달가슴곰의 뱃속으로 들어간 씨앗이 새싹으로 더 잘 자랄 수 있는 기회를 잡게 된 거예요. 반달가슴곰은 열매를 먹고, 열매 속 씨앗은 더 잘 자라니 서로가 서로에게 도움이 되는 공생 관계가 맞네요.

하지만 이러한 공생 관계가 생태계 속에서 늘 지속되기란 어려워요. 지난 100년간 지구에서 일어난 환경 변화는 많은 생물에게 큰 위기감을 불러일으켰어요. 오랫동안 살던 곳이 무척 더워져서 어쩔 수 없이 떠나야 하는 동물이 생겼죠. 또한 사람들의 좀 더 편리하게 살아가기 위해서 숲속의 나무를 베어 도로를 만들고, 건물을 짓고, 공장을 지으며 여러 생물이 살 곳을 빼앗기기도 했답니다. 결국 지구 온난화와 난개발 때문에 많은 생물이 사라질 위기에 처했어요. 과학자들은 이러한 변화를 '생물 다양성'이 감소한다고 말해요. 생물 다양성이라는 말은 얼마나 다양한 종류의 생물이 지구에 살아가고 있는지를 뜻하지요. 살 곳이 없어진 생물들이 이제 어디로 가야 할까요? 이러한 변화는 서로가 서로에게 긍정적인 영향을 줬던 공생 관계의 생물에게도 큰 영향을 줄 거예요.

글쓰기에 힘이 되는 배경 지식 알아보기

그렇다면 지구에서 가장 다양한 종류의 생물이 사는 곳은 어딜까요? 과학 이야기에서 배운 용어를 사용해서 바꿔서 질문한다면, 생물 다양성이 높은 곳은 어딜까요? 답은 바로 열대 우림이에요. 열대 우림에서 '열대'는 지구를 위아래 반으로 쪼개는 선인 적도 주변에서 나타나는 매우 덥고 비가 많이 내리는 날씨를 의미해요. '우림'은 비가 많이 오는 지역에 만들어진 숲이지요. 매우 덥고 비가 많이 내리는 날씨의 특성은 다양한 생물이 자랄 수 있는 환경을 제공해요.

열대 우림은 전체 지구 면적 중에서 고작 7%만 차지하지만 지구에 존재하는 생명체의 절반 이상이 살고 있어요. 게다가 굉장히 다양한 생물들이 존재해서 아직 그 이름을 모르는 생물도 정말 많다고 해요. 푸릇한 수풀이 빽빽히 있기에 지구 온난화를 일으키는 이산화 탄소 기체를 흠뻑 흡수하기도 하지요. 하지만 요즘 이러한 열대 우림이 산불로 점점 사라지고 있다는 슬픈 소식이 들려 와요. 열대 우림을 이루는 숲에 불을 질러서 농장을 만들려고 하고, 집을 지으려고 말이에요.

산불은 생태계의 지우개라는 별명이 있어요. 지우개는 연필의 흔적을 몽땅 지우는 것처럼 지금까지 자연에서 더불어 잘 살던 여러 생물이 산불 때문에 순식간에 살 곳을 잃게 될 수 있어요.

오늘의 과학 글쓰기

글쓰기를 준비해요!

과학 이야기를 읽고 난 뒤, O/× 퀴즈를 풀어봅시다.

① 서로가 서로에게 긍정적인 영향을 주면서 다 같이 잘 살아가는 관계는 기생 관계다.
(O / ×)

② 새들이 감과 딸기 열매를 먹고 난 뒤 배설물을 토대로 씨앗을 옮기는 것은 공생 관계다.
(O / ×)

③ 반달가슴곰은 도토리, 알밤, 돌배와 같은 딱딱한 열매를 좋아하고 모두 소화시킬 수 있다.
(O / ×)

④ 지구 온난화와 사람들의 과도한 개발로 오랫동안 살던 서식지를 잃게 된 동물도 있다.
(O / ×)

⑤ 생물 다양성은 얼마나 다양한 종류의 생물이 지구에 살아가고 있는지를 뜻하는데, 어떤 숲에 많은 종류의 생물이 살고 있으면 그 숲의 생물 다양성이 높다고 할 수 있다. (O / ×)

소개하는 글쓰기에 대해 알아볼까요?

오늘은 공생 관계에 대해서 집중적으로 살펴봤어요. 우리가 사는 생태계에는 서로서로 해를 끼치는 사이도 있지만 서로서로 도움이 되는 사이도 있어요. 공생 관계는 동물뿐만 아니라 사람들 사이에도 충분히 있을 법한 관계예요.

오늘은 여러분 주변을 돌아보는 것이 중요해요. 특히 학교나 학원에서 자주 만나는 내 친구를 떠올려 보세요. 여러분의 친구를 시미쌤에게 적극적으로 소개해 주세요!

답 ①× ②× ③× ④O ⑤O

| 함께 써볼까요? | 주위를 돌아보며 '공생 관계'를 설명하는 글쓰기

글을 쓰면서 잊지 말아야 할 중요한 점을 알려 줄게요. 여러분의 글에 다음의 내용이 포함되었는지 체크 표시를 해보세요.

☐ 과학 이야기를 다시 꼼꼼히 읽고 '공생 관계'의 뜻을 정리해 설명해요.

☐ 내 주변에 서로 긍정적인 영향을 주고받는 사람이 있는지 곰곰이 생각해요.

① 나와 공생 관계에 있는 사람을 **소개**해보세요.

저에게 긍정적인 영향을 주며, 저도 그 사람에게 긍정적인 영향을 주는 공생 관계인 사람은 (　　　)입니다. 왜냐하면, _____

② 그 사람과 함께 있으면 왜 **행복**한지 떠올려보세요.

③ 나는 그 사람을 기쁘게 하기 위해서 **어떤 것**을 해보았는지 설명해보세요.

3장 생태계

4장

기후 위기

#지구온난화 #온실가스
#바다거북 #기후변화 #이산화탄소

난이도 ★★
어렵지 않게 할 수 있어요

교과서 찾아보기

5학년 과학 날씨와 우리 생활
6학년 과학 계절의 변화

매년 여름마다 '올여름 더위는 이제까지 겪은 적 없는 더위랍니다!'라는 문구를 뉴스나 길거리에서 자주 볼 수 있습니다. 겨울에도 매년 '이렇게 추웠던 겨울은 없었다!'라는 이야기도 쉽게 들을 수 있어요. 게다가 3월에 갑자기 눈이 많이 내리거나, 이제까지 상상하지도 못한 태풍이 온 동네를 쑥대밭으로 만들어버리는 일도 있었어요. 많은 과학자는 기후 위기 때문에 이렇게 날씨가 급격하게 변한다고 말한답니다. 오늘은 시미쌤과 함께 기후 위기와 관련된 이야기를 읽어본 뒤, 여러분이 직접 글로 멋지게 정리해 보세요. 어때요, 준비됐나요?

17

일차

북극에도 모기가 있다고?

글쓰기한 날짜

월 일 (요일)

글쓰기 종류 기사문 쓰기

#북극

#모기 #지구온난화

오늘의 글쓰기 상황

토미의 아빠는 우리나라에서 멀리 떨어진 북극에서 연구원으로 생활하고 계세요. 그런데 요즘 토미의 아빠가 모기 때문에 잠을 잘 못 주무신다고 하네요. 추운 줄만 알았던 북극에 모기라니요? 모기는 덥고 습한 지역에서 주로 산다고 알고 있는데 말이죠. 토미는 그 이유가 무척 궁금해졌어요.

'북극'하면 무엇이 생각나나요? 새하얀 눈이 내리고 있고 거대한 빙하가 웅장하게 서 있는 모습이 그려지나요? 혹은 복슬복슬한 털이 인상 깊은 북극곰이 걸어가는 모습이 떠오르나요? 북극은 지구의 북쪽에 있는 지역으로 오직 빙하로만 이루어져 있답니다. 그래서 세계 지도를 자세히 살펴보면 북극이 표시되어 있지 않아요. 보통 지도에는 대륙을 표시하기 때문이지요. 대륙이란 단단한 암석으로 이루어진 지각이며, 바닷속 깊이 연결되어 있어요. 하지만 북극은 얼음으로 만들어진 빙하로 이루어져 있기 때문에 세계 지도에 그 위치가 분명하게 표시되어 있지 않아요. 아마 세계 지도를 꼼꼼히 살펴보면 북극에는 흰색으로 칠해져 있는 것을 확인할 수 있을 거예요.

그런데 지난 몇십 년 동안 지구에 닥친 큰 변화 때문에 북극이 어려움을 겪고 있어요. 지구의 평균 온도가 상승하는 현상인 지구 온난화 때문이에요. 지구 온난화 때문에 빙하로만 이루어진 북극은 빙하가 녹으면서 빠른 속도로 사라지고 있어요. 지구 전체의 평균 온도 상승과 비교해봤을 때 북극의 전체의 온도 상승이 무척 빠르다고 해요. 실제로 북극의 온도 상승 속도는 지구 전체의 평균보다 3~4배 이상 빨라서 2018년도의 북극의 평균 온도가 2017년도보다 무려 30도 이상 높아졌다고 해요. 게다가 북극의 빙하는 1980년대와 비교해봤을 때 70%나 감소했다고 하죠. 쉽게 말해 1980년대에는 내 눈앞에 10개의 빙하 봉우리가 있었다면, 지금 같은 장소에 가면 7개의 빙하 봉우리가 녹아서 사라졌고 딱 3개만 남아 있다는 것이에요.

그렇다면 북극이 점점 따뜻해지는 것과 토미 아빠가 겪고 있는 모기는 무슨 관계가 있을까요? 모기가 많아지면 삶이 왜 불편해지는 걸까요? 북극의 빙하가 굉장히 많이 녹아서 빙하가 있던 자리에 질척질척한 갯벌이 생겼다고 해요. 우리나라 서해안에 가면 쉽게 볼 수 있는 갯벌이 북극에 있다니 믿을 수가 없어요. 갯벌에 찍혀 있는 북극곰의 발자국 때문에 이곳이 북극임을 믿을 수 있다고 해요. 게다가 빙하가 녹아있는 갯벌에 고여 있는 물웅덩이가 핵심이에요. 모기는 축축한 환경을 좋아해서 웅덩이에 고인 물에 알을 낳아요. 특히 북극의 물웅덩이는 낮은 기온으로 인해 쉽게 사라지지 않아 모기 알이 부화할 때까지 충분히 습한 환경을 제공한다는 특징이 있죠. 모기가 동물이나 사람의 피를 빨면서 생존한다는 사실은 알고 있죠? 북극 모기는 우리나라나 동남아시아 지방에 사는 모기와 달리 입이 주삿바늘처럼 뾰족해서 두꺼운 털로 뒤덮인 생물들의 피를 더 잘 빨 수 있어요. 북극에 사는 순록들은 모기가 피를 빠는 것을 견디지 못해서 많이 죽는다고 해요. 그렇게 되니 순록을 잡아먹는 북극 원주민의 삶도 어려워고, 순록이 잡아먹는 북극 생물의 수의 큰 변화가 생길 수도 있다고 하죠. 북극 모기 때문에 북극 생태계가 불안정해졌어요.

그런데 우리는 모기를 물리면 가렵고, 여름밤에 깊은 잠을 방해하는 존재로만 생각하지만 모기는 가볍게 생각할 생물이 아니랍니다. 모기의 또 다른 별명은 지구상에서 인간을 가장 많이 죽이는 동물이에요. 모기는 아프리카와 중남미 지방에서는 두려움을 불러일으키는 존재예요. 모기는 황열병, 뎅기열 등 인간에게 치명적인 전염병을 옮기는 주요 생물이기도 하죠. 과거에는 이러한 전염병이 북극에 사는 동물이나 사람에게는 거의 상관이 없었지만 북극에 사는 모기의 숫자가 증가하면서 이제는 더 이상 북극도 모기에 의한 전염병으로부터 안전한 곳은 아니게 되었지요. 지구 온도가 올라가는 지구 온난화 현상은 이제 그냥 지구가 더워진다고만 생각할 수가 없어요. 새하얀 눈과 웅장한 빙하가 사라져가는 북극도 슬프지만 모기로 인해 전염병으로 고통받는 북극의 동물과 원주민들의 삶도 정말 안타까워요.

글쓰기에 힘이 되는 배경 지식 알아보기

모기와 관련이 깊은 질병 중에서 '말라리아'에 대해 들어본 적이 있나요? 말라리아는 모기가 인간에게 전파하는 질병 중에서도 치사율이 꽤 높고 전염력도 커요. 치사율은 어떤 질병에 걸린 사람들 중에서 얼마나 많은 사람들이 그 질병으로 인해 죽게 되었는지를 말해요. 치사율이 높다는 것은 그 질병으로 인해 많은 사람들이 사망한다는 것이에요. 지금도 전 세계에는 2억 명 이상의 말라리아 환자가 있고, 수많은 전염병 중에서 가장 많은 사망자를 발생하기도 해요. 특히 말라리아 때문에 사망하는 어린이가 많아 더욱 가슴이 아프기도 하죠.

그런데 지구 온난화가 심해지면서 지구의 날씨는 예전보다 더욱 따뜻해지고, 더욱 습해지고 있어요. 이러한 날씨 변화는 말라리아를 옮기는 모기가 좋아하는 환경이에요. 최근 밝혀진 유엔 기후 보고서를 보면 지구 온난화가 지금과 같은 속도로 진행된다면, 2080년쯤에는 전 세계 인구의 90% 가까이 말라리아에 노출될 수 있다고 해요. 또한 우리나라에서도 예전보다 더욱 덥고 습해진 여름 날씨 때문에 말라리아 환자가 꾸준히 늘어나고 있다고 해요.

오늘의 과학 글쓰기

글쓰기를 준비해요!

과학 이야기를 읽고 난 뒤, O/X 퀴즈를 풀어봅시다.

① 북극은 빙하로만 이루어져 있어 지구 온난화로 인해 쉽게 녹는다. (O/X)

② 북극의 온도는 지구 온난화로 인해 지구 전체 온도에 비해서 더 많이 떨어졌다. (O/X)

③ 지구 온난화로 인해 북극의 빙하가 굉장히 많이 녹아서 빙하가 있던 자리에 질척질척한 갯벌이 생겼다. (O/X)

④ 지구 온난화로 인해 북극 모기의 수가 증가해 모기를 섭취하는 북극 순록의 수도 증가했다. (O/X)

⑤ 모기는 인류의 생명을 위협하는 전염병인 뎅기열, 황열병을 옮기는 주요 생물이다. (O/X)

북극에 등장한 모기에 관한 기사문 쓰기에 대해 알아볼까요?

오늘은 북극에 갑자기 등장한 모기에 대해 알아봤어요. 일반적으로 모기는 더운 여름에 자주 나타나는 곤충이라고 알려져 있어요. 모기와는 관련이 없을 것으로 보이는 추운 북극 땅에 모기가 나타났다니, 도대체 북극에 무슨 일이 벌어진 것일까요?

<mark>기후변화 때문에 달라진 북극에 대해 사람들이 좀 더 잘 알 수 있도록 기사를 써보세요. 그리고 사람들의 눈길을 끄는 제목을 정하는 것도 중요해요.</mark>

여러분의 톡톡 튀는 아이디어로 멋진 제목을 만들어보세요. 그리고 시미쌤과 함께 읽은 과학 이야기를 꼼꼼히 한 번 더 읽어보는 것도 중요하답니다. 사람들에게 꼭 필요한 정보가 무엇인지 찾아보고 설명해보세요.

답 ① O ② X ③ O ④ X ⑤ O

함께 써볼까요? 지구 온난화로 인해 변화된 북극의 모습을 소개하는 기사문 작성하기

글을 쓰면서 잊지 말아야 할 중요한 점을 알려 줄게요. 여러분의 글에 다음의 내용이 포함되었는지 체크 표시를 해보세요.

- [ ] 사람들이 지구 온난화로 인해 변화된 북극의 모습에 관심을 가질 수 있는 제목을 지어요.
- [ ] 과학 이야기를 참고해서 변화된 북극의 모습이 어떤지 구체적으로 적어요.
- [ ] 북극에 사는 동물과 사람이 어떤 어려움을 겪고 있는지 설명해요.

① 기사의 **제목**은 어떻게 지을까요?

② 지구 온난화로 인해서 북극의 **환경**이 어떻게 달라졌나요?

③ 지구 온난화로 인해 변화된 북극에 사는 **동물과 사람**은 어떤 **어려움**을 겪고 있나요?

4장 기후 위기

18일차

우리나라에서 사과를 볼 수 없을지도 모른다고?

글쓰기한 날짜 ◯월 ◯일 (◯요일)

글쓰기 종류 기사문 쓰기

#기후변화 #식생활 #우리나라

오늘의 글쓰기 상황

여러분이 제일 좋아하는 과일은 무엇인가요? 지미가 제일 좋아하는 과일은 사과, 요미가 제일 좋아하는 과일은 배, 토미가 제일 좋아하는 과일은 귤이에요. 그런데 지구 온난화로 인해서 50년 뒤 우리나라에서는 더 이상 사과와 배를 기르지 못하게 된다고 해요. 그렇다면 귤은 어떻게 될까요? 지미, 토미, 요미와 함께 50년 뒤에 우리나라에서는 어떤 식물을 주로 기르게 되고, 사라지는 식물에는 무엇이 있을지 함께 알아보아요.

시미쌤의 과학 이야기

요즘 날씨가 예전 같지 않다는 이야기를 들어본 적 있죠? 따듯한 봄이 시작되는 3월에 때늦은 눈이 내리기도 하고, 여름에 지하 주차장의 자동차가 잠길 정도로 엄청난 폭우가 내리기도 해요. 이렇게 급격한 날씨 변화의 원인을 과학자들은 대부분 지구 온난화 때문이라고 해요. 지구 온난화는 말 그대로 지구의 평균 기온이 올라가는 현상을 뜻해요. 하루 혹은 몇 달 동안의 기온이 잠시 올라간 현상을 지구 온난화 때문이라고 말하지는 않아요. 그러니까 지구 온난화는 10년 이상 장기적인 관점에서 지구의 평균 기온이 올라가서 날씨가 변화하는 현상을 뜻해요.

그런데 지구 온난화가 날씨의 변화만 가져오는 것은 아니에요. 사람들의 삶의 방식도 서서히 변화시키고 있어요. 특히 우리가 자주 먹는 음식들도 지구 온난화의 영향을 많이 받아요. 대표적인 예가 바로 어류예요. 원래 명태와 꽁치는 몇십 년 전만 해도 우리나라 동해 근처에서 아주 쉽게 잡히던 어류였어요. 하지만 요즘에는 명태와 꽁치를 동해에서 잡기 어렵다고 해요. 반면에 멸치와 고등어는 굉장히 잘 잡힌답니다. 왜냐하면 우리나라 바다의 평균 온도가 꽤 빠르게 뜨거워졌기 때문이에요. 그래서 따듯한 바다에서 잘 자란다고 알려진 고등어와 멸치는 우리나라 근처 바다에서 더 잘 자랄 수 있게 되었지만, 차가운 바다에서 잘 자란다고 알려진 명태와 꽁치는 우리나라를 떠날 수밖에 없었어요. 게다가 우리나라에서 가장 따듯한 바다라고 알려진 제주도 앞바다에는 몇십 년 동안 거의 볼 수 없었던 어류가 자주 발견된다고 해요. 바로 아주 오래전부터 따듯한 바다에서만 자란다고 알려진 열대 어종이 대거 발견된다고 하죠. 어류를 연구하는 과학자들은 '이 바다가 제주도 앞바다인지 동남아시아 바다인지 구분이 안 간다'며 한숨 쉬지요.

그렇다면 지구 온난화가 어류에게만 영향을 줬을까요? 여러분이 정말 좋아하는 음식 중 하나인 과일에도 큰 영향을 미쳤어요. 앞으로 우리나라에서 구하기 힘들어질 과일 중 하나가 바로 사과예요. 사과는 비교적 선선한 온도인 섭씨 20도 이하에서 잘 자라는 편이에요. 그래서 지구 온난화가 심각한 문제로 떠오르지 않았던 과거에는 우리나라 전 지역에서 사과를 기를 수 있었어요. 하지만 우리나라의 평균 기온이 점점 높아짐에 따라 사과를 잘 기를 수 있는 선선하고 시원한 지역을 더욱 찾기 어려워지고 있어요. 무려 2070년에는 강원도 일부 지역에서만 사과를 기를 수 있고, 2090년도에는 우리나라에서 더는 사과를 찾기 어렵게 된다고 해요. 여러분이 아마 할머니, 할아버지가 되었을 때 손자, 손녀에게 사과라는 과일이 어떻게 생겼고 맛은 어떤지 자세히 설명해야 할지도 몰라요. 왜냐면 지금보다 사과를 더욱 구하기 힘들어질 것이기 때문이죠.

하지만 지구 온난화 때문에 우리나라에서 이전보다 좀 더 쉽게 찾아볼 수 있는 과일도 있답니다. 우리나라의 평균 기온이 높아짐에 따라 덥고 습한 지역에서만 잘 자란다고 알려진 열대 과일을 우리나라에서도 기를 수 있게 되었어요. 대표적인 예가 바로 예전에는 태국, 라오스와 같은 동남아시아에 여행을 가야지만 먹을 수 있었던 망고와 패션프루트예요. 또한 따뜻한 제주도에서만 주로 자라던 귤이 2070년이 되면 전라도, 경상도, 심지어 강원도에서도 기를 수 있다고 하지요. 단순히 지구 온난화로 인해 비나 눈이 많이 내리고, 가뭄이 잦아지는 것을 넘어서서 우리의 식탁에도 큰 변화가 생겨요. 여러분이 할머니, 할아버지가 된다면 명태, 꽁치, 사과를 어떻게 손자, 손녀에게 설명해줄 수 있을지 한번 생각해 보면 좋을 것 같아요.

글쓰기에 힘이 되는 배경 지식 알아보기

지구의 평균 기온이 높아지는 지구 온난화는 왜 생기는 걸까요? 지구 온난화가 생기게끔 하는 중요한 원인은 바로 온실가스 때문이에요. <mark>온실가스</mark>라는 말이 조금 어렵죠? 쉽게 말해 지구가 따뜻한 방(온실)이 되도록 돕는 기체라는 뜻이에요. 대표적인 온실가스에는 이산화 탄소와 메탄가스가 있어요. 특히 메탄가스는 석유와 같은 화석 연료를 태울 때 발생하죠. 또 쓰레기 더미에서도 자연적으로 만들어지기도 하고, 소와 같은 초식 동물이 풀을 소화할 때도 발생해요. 이러한 온실가스는 마치 지구가 두꺼운 패딩 옷을 입은 것처럼 지구를 후덥지근하게 만들어요. 사람은 날씨가 더워지면 패딩 옷을 벗고 반팔을 입을 수 있지만, 지구는 아무리 더워져도 온실가스로 만들어진 옷을 벗을 수가 없어요. 한 번 더워진 지구의 온도가 낮아지는 건 무척 어려워요. 그렇다면 지구 온난화의 진행 속도를 늦추는 방법은 정말 없는 걸까요? 가장 현실적이고 효과가 좋은 방법이 있는데, 바로 온실 가스 배출량을 줄이려고 노력하는 것이에요. 이미 아주 더워서 힘든 지구의 옷 두께가 더이상 두꺼워지지 않도록 노력하는 것이지요.

오늘의 과학 글쓰기

글쓰기를 준비해요!

과학 이야기를 읽고 난 뒤, O/× 퀴즈를 풀어봅시다.

① 하루 혹은 몇 달 동안의 기온이 잠시 올라간 현상을 지구 온난화라고 한다. (O / ×)

② 지구 온난화 때문에 따뜻한 바다에서 잘 자란다고 알려진 멸치와 고등어는 요즘 우리나라에서 더 많이 잡힌다. (O / ×)

③ 지구 온난화 때문에 차가운 바다에서 잘 자란다고 알려진 명태와 꽁치는 요즘 우리나라에서 덜 잡혔다. (O / ×)

④ 사과는 주로 선선한 온도에서 잘 자라는 편인데 지구 온난화가 심해진 2090년쯤에는 우리나라에서 사과를 더는 기르기 어렵게 될 것이다. (O / ×)

⑤ 지구 온난화로 인해 우리나라에서는 더 이상 과일을 기르기 어렵게 되어 대부분의 과일은 외국에서 수입하고 있다. (O / ×)

기사문 쓰기에 대해 알아볼까요?

오늘은 기후 변화가 과일에도 큰 영향을 준다는 것에 대해 알아봤어요. 시미쌤은 사과를 무척 좋아하는데, 2070년 즈음이 되면 우리나라에서 사과를 구하기 어렵게 된다니 정말 슬퍼요. 기사문은 몇 번 써봐서 이제 자신감이 생겼죠? 그래도 시미쌤이 한 가지 꿀팁을 남길게요. ==사람들이 오래 기억하는 기사는 내 삶과 관련된 내용을 알려 주는 글이랍니다.== 지구 온난화 때문에 우리의 밥상이 변할 수 있다는 것이 나와 어떤 관계가 있는지 생각해보세요. 내 삶에 닥칠 불편함과 편리함에 대해 곰곰이 생각하면 좀 더 멋진 기사문을 쓸 수 있을 것입니다.

정답: ① × ② O ③ O ④ O ⑤ ×

 지구 온난화로 인해 2050년도에 변화될 밥상의 모습을 예측하는 기사문 작성하기

글을 쓰면서 잊지 말아야 할 중요한 점을 알려 줄게요. 여러분의 글에 다음의 내용이 포함되었는지 체크 표시를 해보세요.

- [ ] 사람들이 지구 온난화의 영향을 기억할 수 있도록 돕는 제목을 지어요.
- [ ] 과학 이야기를 참고해서 우리나라에서 먹기 어려워지는 음식을 자세히 소개해요.
- [ ] 과학 이야기를 참고해서 우리나라에서 구하기 쉬워지는 음식을 자세히 소개해요.

① 기사의 **제목**을 쓰세요.

② 지구 온난화로 인해서 먹기 **어려워지거나, 먹기 쉬워진** 음식에 대해서 설명해보세요.

③ 지구 온난화로 인해서 밥상에 변화가 생긴다면 우리는 어떤 **불편함**이나 **편리함**을 겪을지 설명해보세요.

4장

기후위기

19일차

지구 온난화 때문에 암컷 거북이 많아진다고?

글쓰기한 날짜
 월 일 (요일)

글쓰기 종류 라디오 사연 쓰기

#성별
#바다거북 #지구온난화

오늘의 글쓰기 상황

저 멀리 미국 플로리다에서 바다거북 토토에게서 편지가 왔어요! 편지를 읽어 보니 플로리다 앞 바다가 몇 년 새 정말 더워졌다고 해요. 게다가 플로리다 앞바다에서 더 이상 수컷 바다거북을 볼 수 없다는데, 도대체 무슨 일인지 지미, 요미, 토미는 머리를 맞대고 바다거북 토토의 편지를 꼼꼼히 읽어보며 기후 변화가 동물의 성별에 미치는 영향에 대해 알아보기로 했어요.

 시미쌤의 **과학 이야기**

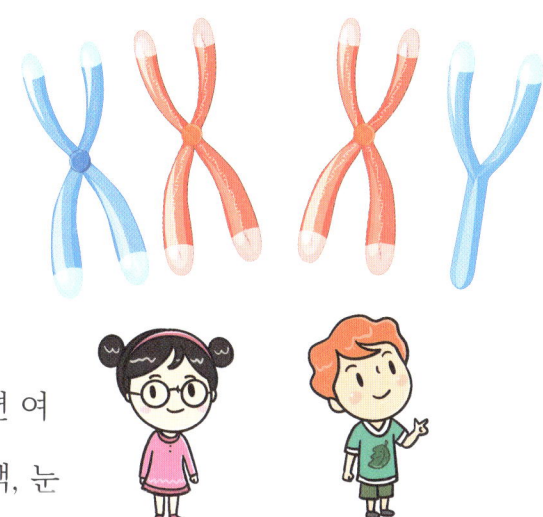

여러분의 성별은 남성인가요, 여성인가요? 인간의 성별은 어떻게 결정되는지 알고 있나요? 인간의 성별이 어떻게 결정되는지에 대해서 여러 주장이 있지만, 대다수의 과학자들은 인간의 성별은 태어나기 전 이미 엄마 뱃속에서 결정된다고 해요. 더 자세히 알아보면 여성과 남성이라는 성별뿐만 아니라 머리카락 색, 눈동자 색 등 우리를 결정짓는 많은 정보는 염색체에 의해서 결정된다고 해요. 염색체는 우리를 결정짓는 많은 정보를 꽉꽉 눌러 담고 있는 바구니라고 생각하면 이해하기 쉬워요. 그중에서 여성과 남성이라는 성별은 성염색체에 의해서 결정돼요. 남성은 XY, 여성은 XX라는 성염색체를 가지고 있어요. 그래서 인간의 성별은 태어날 때 이미 결정되지요. 주변이 춥다고 갑자기 남자가 여자로 변하는 것도 아니고, 배고프다고 여자가 남자로 변하는 것도 아니랍니다.

그런데 모든 생물의 성이 태어나기 전에 결정되는 것은 아니에요. 주변 환경의 변화로 인해서 암컷이 수컷으로 바뀌거나 수컷이 암컷으로 바뀌는 경우가 있어요. 지미, 요미, 토미에게 편지를 보냈던 바다거북 토토의 이름을 기억하죠? 거북이나 악어와 같은 파충류는 알이 부화하는 온도에 따라서 새끼의 성별이 바뀌어요. 플로리다 바다 거북은 모래 구덩이를 파서 그 안에 알을 낳아요. 알이 섭씨 28도 이하에서 부화하면 수컷이 되고, 섭씨 32도 이상이 되면 암컷이 돼요. 그런데 플로리다 앞바다의 온도가 급격하게 높아지면서 모래의 온도도 무척 뜨거워졌대요. 그렇다면 새롭게 태어나는 바다거북의 성별은 어떻게 될까요? 여러분도 쉽게 예측할 수 있는 것처럼 수컷 바다거북은 거의 없고, 대부분 암컷 바다거북이 되겠죠. 실제로 플로리다 바다거북의 성별만 꾸준히 연구하던 '거북이 병원' 원장 벳 지르켈바흐는 플로리다주의 여름 기온이 지난 4년 동안 꾸준히 상승해서 새로 부화한 바다거북의 99%가 암컷이라고 했어요.

플로리다 앞바다의 온도가 계속 뜨거워지면서 계속 암컷 바다거북만 태어나는 것은 또 아니랍니다. 미국 악어도 비슷한 일을 겪고 있어요. 미국 악어의 알도 주변 온도가 섭씨 33도 이상이 되면 수컷이, 섭씨 30도 이하일 때는 암컷이 된다고 해요. 온도가 점점 뜨거워지면 미국 악어는 바다거북과는 반대로 암컷 악어는 거의 없고, 대부분 수컷 악어만 태어나겠죠. 그런데 이러한 파충류의 성별 쏠림 현상이 잠깐 일어나는 특별한 일은 아니에요. 지구 온난화로 인해 바다거북이 사는 바다, 악어가 터를 잡고 지내는 강가의 온도가 과거에 비해 꾸준히 온도가 높아지고 있어서 앞으로 더더욱 바다거북은 암컷만, 악어는 수컷만 많이 태어날 수도 있어요.

여러분, 이렇게 암컷이나 수컷 중 한쪽 성별만 쏠려서 태어난다면 어떻게 될까요?

후대 자손이 태어날 수 없게 되어 그 종은 결국 지구상에서 사라지게 된답니다. 어느 생물학자가 '생명체의 멸종은 그 생명체와 관련된 모든 추억까지 사라지게 한다'라는 말을 남긴 적이 있어요. 여러분은 혹시 바다거북이나 악어와 관련된 작지만 소중한 추억이 있나요? 이제는 더이상 동물원에서 바다거북, 악어를 보기 힘들어질 수도 있고, 미래에 태어나는 아이들은 바다거북이나 악어의 생김새도 잘 모를 수도 있어요. 점점 더워지는 지구로 인해 바다거북과 악어와 같은 소중한 생명이 사라지게 된다면 무척 슬플 거예요.

 글쓰기에 힘이 되는 **배경 지식 알아보기**

사람처럼 태어날 때부터 성을 이미 결정짓는 것을 '유전적 성 결정 방식'이라고 말해요. 그리고 바다거북, 악어와 같은 파충류는 알을 낳은 장소의 온도에 따라서 암컷과 수컷이 결정되는 것을 '비유전적 성 결정 방식'이라고 해요. 하지만 생물의 성이 결정되는 방법은 여러 가지가 더 있답니다. 예를 들면, 더운 여름에 먹다 남은 바나나 껍질을 오래 두면 무슨 일이 일어나나요? 그렇죠! 바로 초파리가 엄청 많이 생기죠. 초파리는 사람처럼 XX, XY 염색체를 가지고 있지만 성 결정에 아무 의미가 없어요. 염색체의 개수에 따라서 암컷과 수컷이 결정되지요.

또 물고기와 같은 어류는 최초의 성별이 그대로 유지되지 않기도 해요. 흰동가리라는 귀여운 물고기는 수컷으로 태어났더라도 새끼 흰동가리를 낳기 위해 암컷으로 성을 바꾸기도 한다고 해요. 또한 블루 헤드 놀래기라는 파란색이 잘 어울리는 물고기는 암컷으로 태어났지만 새끼를 낳기 위해서 수컷으로 성을 바꾸기도 해요. 이러한 물고기의 성전환은 정해진 조건이 있다기보다는 주변 환경에 따라서 자유롭게 일어나요. 예를 들면 물고기 새끼를 많이 낳을 수 있는 환경이라면 성전환이 빠르게 일어나기도 하고, 굳이 새끼를 많이 낳을 필요가 없는 경우에는 성전환이 활발히 일어나지 않기도 하죠.

오늘의 과학 글쓰기

글쓰기를 준비해요!

오늘은 점점 지구가 더워짐에 따라 바다거북과 악어의 성별이 한쪽으로만 쏠리게 될 수 있다는 이야기를 들었어요. 오늘 글을 요약한 표를 보고 바다거북과 미국 악어의 성별은 무엇일지 예측한 뒤 동그라미 해보세요.

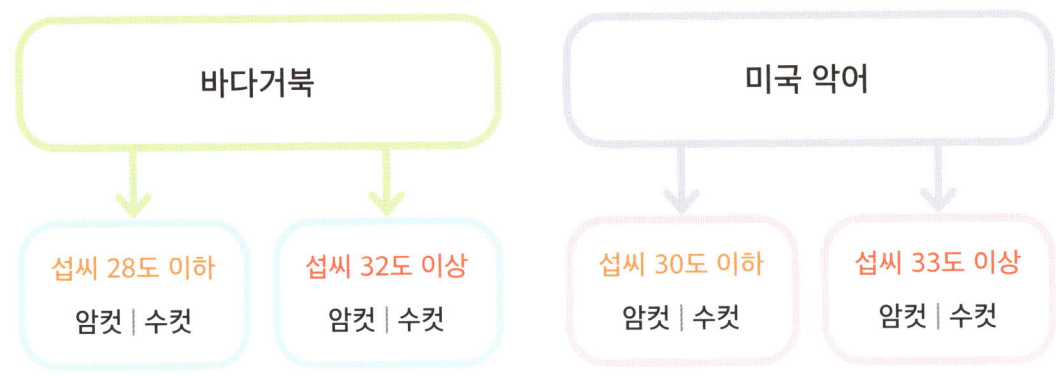

라디오에 사연을 쓸 때 필요한 점에 대해 알아볼까요?

라디오에 사연을 써보는 것도 벌써 두 번째예요. 여러분의 손끝에서 자신감이 느껴져요. 라디오에 사연을 보낼 때 꼭 알고 있어야 하는 점을 한 가지 더 소개할게요. "내가 쓴 글에 어떻게 하면 많은 사람이 공감할 수 있을까?"라는 질문을 스스로에게 해보세요.

바다거북 토토의 이야기를 진실하게 전달하고, 사람들이 바다거북의 성별이 어떻게 결정되는지 모를 수도 있으니 꼼꼼하게 설명하는 것도 중요해요. 그러나, 가장 중요한 것은 ==바다거북 토토의 마음이 어떨지 여러분이 토토가 된 것처럼 생각해 보는 것이 정말 중요하답니다.==

답 (왼쪽부터) 수컷, 암컷, 암컷, 수컷

| 함께 써볼까요? | 바다거북 토토의 사연을 라디오에 전달하는 글쓰기 |

글을 쓰면서 잊지 말아야 할 중요한 점을 알려 줄게요. 여러분의 글에 다음의 내용이 포함되었는지 체크 표시를 해보세요.

- ☐ 플로리다 바다거북 토토가 처한 문제 상황을 과학 이야기를 참고해서 자세히 적어요.
- ☐ 사연을 듣는 사람들이 토토가 처한 문제 상황이 심각하다고 느낄 수 있도록 미국 악어의 사례도 소개해요.

① 바다거북이 토토가 현재 처한 **문제 상황**은 무엇일까요?

TIP! 여러분이 마치 바다거북 토토라는 생각으로 토토가 어떤 마음인지 공감해보세요.

_____
_____
_____

② 토토가 겪는 문제 상황의 **원인**이 무엇인지 지구 온난화와 연결지어 설명해보세요.

_____
_____
_____

③ 토토가 겪는 어려움을 겪는 **또 다른 동물**은 무엇이 있을지 설명해보세요.

_____
_____
_____
_____
_____

4장 기후위기

20일차 꾀꼬리로 기후 변화를 알 수 있다고?

글쓰기한 날짜
◯ 월 ◯ 일 (◯ 요일)

글쓰기 종류 소개하는 글쓰기

#기후 #지표
#기후변화생물지표종

오늘의 글쓰기 상황

지미, 요미, 토미는 오늘 학교에서 실시한 건강 검진 결과지를 받았어요. 세 친구 모두 작년보다 키가 자랐고, 몸무게가 늘었네요! 모두 몸이 확실히 더 건강해졌다는 의사 선생님의 의견도 함께 있었어요. 그런데 문득 지미가 이런 질문을 던졌어요!

"지구 온난화로 인한 생태계 변화가 있다는 것을 확실히 보여주는 것에는 무엇이 있을까?"

지미는 날씨가 더워지고 비가 예전보다 많이 내리는 것으로 지구 온난화를 판단하기에는 조금 애매하다는 생각이 들었어요.

 시미쌤의 **과학 이야기**

우리는 종종 어떤 사건을 설명하기 위해서 수를 활용할 때가 있어요. 예를 들면 내가 좋아하던 유튜버가 갑자기 많은 사람의 인기를 얻게 되면, 구독자 수가 증가했다거나 영상의 조회 수가 증가했다는 말을 해요. 혹은 전 세계가 코로나바이러스 때문에 서로 만날 수 없었을 때, 하루 비행편 수가 감소했다는 말로 상황의 심각성을 표현하기도 했어요. 혹은 쌀, 빵, 과자 등 음식을 포함한 생필품의 가격이 급격하게 오른 것을 표현하기 위해서 소비자 물가 지수라는 수를 활용하기도 해요. 소비자 물가 지수가 높다는 것은 사람들이 생필품, 음식의 가격을 예전보다 비싸다고 느끼는 것이죠. 이처럼 우리는 구독자 수, 하루 비행편 수, 소비자 물가 지수와 같이 수를 사용해서 어떤 사건을 간단하게 설명할 수 있어요. 우리는 어떤 사건이나 현상의 변화를 구체적으로 설명하기 위한 수를 '지표'라고 불러요.

과학자들은 지표를 굉장히 많이 사용한답니다. 지구가 예전보다 더워지고 있다는 사실을 설명하기 위해서 지구 평균 온도라는 지표를 자주 사용해요. 지구 평균 온도를 구체적으로 설명하기 전에 한가지 짚고 넘어가야 할 용어가 있어요. 어떤 지역에서 오랜 세월 동안 보이는 규칙적인 날씨를 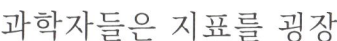'기후'라고 해요. 예를 들면 북아프리카 위쪽 사하라 지역에서는 비가 거의 내리지 않고 건조하기에 사막 기후라고 하죠. 혹은 남아메리카 브라질 인근의 아마존은 습하고 기온이 높아 식물이 잘 자라는 열대 기후예요. 그런데 지구의 평균 온도가 상승하는 지구 온난화로 우리는 요즘 홍수, 해일과 같은 급격한 날씨의 변화를 몸소 느끼고 있어요. 게다가 이러한 날씨의 변화가 잠깐 일어나고 마는 것이 아니라 꾸준히 일어나고 있어요. 이 때문에 기후 변화란 날씨가 지구 온난화 때문에 과거에 나타났던 날씨와 아주 많이 달라진 것을 의미해요.

이번에는 기후 변화를 설명하는 색다른 지표를 소개하려고 해요. 우리는 지구가 예전보다 더워지고 있다는 것을 설명하기 위해 지구의 평균 온도라는 지표를 사용했죠. 앞서 기후 변화 때문에 사과를 점점 더 먹기 어려워지고, 명태나 꽁치도 구하기 어려워진다는 사실을 알게 되었어요. 이렇게 기후 변화 때문에 동식물의 개체수가 증가하거나 감소하는 현상을 활용해서 새로운 지표를 만들었어요. 바로 기후변화 생물지표종이에요. 기후 변화 때문에 수가 뚜렷하게 변화하는 동물이나 식물을 따로 모은 것이에요. 그러니까 다른 생물에 비해 기후 변화로 그 수가 뚜렷하게 감소해서 이 생물의 수만 잘 파악해도 기후 변화가 얼마나 빨리 진행되는지 알 수 있지요. 우리나라에서는 이러한 기후 변화 생물지표종에 100종을 지정했어요. 여러분이 한 번쯤 들어봤을 만한 생물들도 기후변화 생물지표종에 포함되어 있어요. 예를 들면 꾀꼬리는 우리나라 기후 변화 때문에 그 수가 빠르게 감소하는 대표적인 생물이에요. 우리나라의 기후 변화가 얼마나 빠르게 진행되는지를 판단하기 위해서 온도, 강수량, 습도를 살펴봐도 되

지만 꾀꼬리의 수를 세어봐도 된다는 것이죠. 제주도나 남해안 근처에 가면 빨갛게 피는 동백나무 역시 우리나라의 기후 변화 진행 속도를 쉽게 판단할 수 있는 생물이에요.

기후변화 생물지표종이 100종이나 된다는 것은 기후 변화로 인해 멸종 위기에 처한 생물들이 100종이나 된다는 의미기도 해요. 앞으로 기후변화 생물지표종을 더 많이 지정해서 관리해야 한다고 해요. 우리나라에 터를 잡고 사는 생물들이 더더욱 살기 어려워진다는 뜻이기도 하죠. 전 세계가 앞으로 노력해서 기후변화 생물지표종의 수가 점점 줄어들면 좋겠어요.

글쓰기에 힘이 되는 배경 지식 알아보기

지난 30여 년과 다르게 지구의 평균 온도가 급격하게 상승해 기후 변화가 나타나고 있어요. 예를 들면 아직 3월 초인데 30도나 되는 때 이른 더위를 겪기도 하고, 날이 무척 건조해져서 산불이 자주 일어나기도 하죠. 여름에는 짧은 시간 동안 엄청나게 비가 많이 와서 도시 곳곳이 침수되기도 해요. 이러한 기후 변화는 아주 오래전부터 꾸준히 지구 환경에 맞춰 진화한 생물들에게 큰 위기로 다가온다고 해요. 왜냐하면 기후 변화 속도가 너무 빨라서 생물들이 새로운 환경에 적응하고 살아남을 시간을 충분히 주지 않기 때문이지요.

그래서 급격한 기후 변화 때문에 많은 생물의 수가 사라질 위기에 처해 있어요. 그중에서도 기후 변화 때문에 심각한 멸종 위기에 처한 생물을 몇 종류 소개할게요. 대표적인 예로 벵갈 호랑이가 있어요. 벵갈 호랑이는 방글라데시와 인도의 습지에 살고 있는데 기후 변화로 인한 해수면 상승으로 벵갈 호랑이의 서식처가 물에 잠기고 있어요. 벵갈 호랑이가 살 곳이 점점 사라지고 있는 것이지요.

또한 자이언트 판다도 비슷한 위험에 처해 있어요. 영화 〈쿵푸 팬더〉에 나온 판다가 바로 자이언트 판다예요. 자이언트 판다에게 살 곳과 먹을 것을 제공하는 대나무숲이 기후 변화 때문에 빠른 속도로 사라지고 있어서 자이언트 판다도 멸종 위기를 겪고 있어요.

오늘의 과학 글쓰기

글쓰기를 준비해요!

다음 상황을 설명하기 위해서 활용하는 지표는 무엇인지 〈보기〉에서 찾아서 적어보세요.

보기

소비자 물가 지수, 구독자 수, 기후변화 생물지표종, 하루 비행편 수

---

① 어떤 유튜버가 올린 영상이 사람들의 관심을 끌고 있다는 것을 설명할 수 있는 지표는 무엇인가요? _____

② 전 세계가 코로나바이러스 때문에 서로 오고갈 수 없다는 상황을 설명할 수 있는 지표는 무엇인가요? _____

③ 식빵, 옥수수, 소고기 가격이 오르고 내리는 것을 설명할 수 있는 지표는 무엇인가요?
_____

④ 기후 변화로 인해 생물이 살아가는 환경이 변하여 급격하게 개체수가 감소하는 생물을 모아 기후 변화의 심각성을 설명할 수 있는 지표는 무엇인가요?

'기후변화 생물지표종'을 소개하는 글쓰기에 대해 알아볼까요?

오늘은 조금 어려울 수도 있는 개념인 '지표'와 '기후변화 생물지표종'에 대해서 알아봤어요. 여러분이 '지표'와 '기후변화 생물지표종'이라는 개념이 낯선 것처럼 많은 친구도 이 개념을 잘 모를 거예요. 그러므로 여러분이 두 개념을 소개해보세요.
선생님께서 공부할 내용을 차근차근 어렵지 않게 설명해 주시는 것처럼 여러분도 '지표'와 '기후변화 생물지표종'을 친구에게 소개해보세요.

답: 구독자 수, 하루 비행편 수, 소비자 물가 지수, 기후변화 생물지표종

함께 써볼까요? '기후변화 생물지표종'을 친구에게 설명하는 글쓰기

글을 쓰면서 잊지 말아야 할 중요한 점을 알려 줄게요. 여러분의 글에 다음의 내용이 포함되었는지 체크 표시를 해보세요.

- [ ] '기후변화 생물지표종'이 기후 변화와 어떤 관련이 있는지 과학 이야기를 참고해서 설명해요.
- [ ] '기후변화 생물지표종'에 해당하는 생물은 어떤 것이 있는지 설명해요.

① 일상 속에서 **지표**를 사용하는 경우는 무엇이 있나요?

② 기후변화 생물지표종은 어떤 **상황**을 설명하기 위한 **지표**인가요?

③ 기후변화 생물지표종에 해당하는 생물에는 어떤 것들이 있나요?

④ 우리가 기후변화 생물지표종을 따로 정해서 기억해야 하는 이유는 무엇인가요? 여러분의 생각을 자유롭게 적어보세요.

21 일차

스마트폰을 하면 지구가 뜨거워진다고?

글쓰기한 날짜 ○월 ○일 (○요일)

글쓰기 종류 경고문 쓰기

#이산화탄소 #데이터센터
#스마트폰 #전기에너지

오늘의 글쓰기 상황

늦은 밤 잠이 들기 직전까지 스마트폰으로 영상을 보는 토미. 오늘도 여전히 토미는 스마트폰을 하다가 잠에 빠져들었어요. 그런데 토미의 꿈에 어떤 박사님이 등장했어요! 갑자기 토미에게 버럭 소리를 질러요. 박사님은 토미처럼 스마트폰 영상을 과도하게 보던 인류 때문에 기후 위기가 더욱 심각해졌다고 말씀하셨어요. 도대체 지구에 어떤 일이 일어나고 있는 걸까요?

시미쌤의 **과학 이야기**

여러분이 주말이나 쉴 때 가장 많이 하는 일은 무엇인가요? 저는 스마트폰으로 유튜브를 보거나 드라마를 보는 것을 좋아해요. 여러분은 스마트폰으로 주로 무엇을 하는지도 궁금해요. 그런데 가만히 앉아서 스마트폰으로 영상을 보는 것만으로도 환경이 파괴된다는 사실이 믿기나요? 덥지도 않은데 에어컨을 세게 틀거나, 쓰레기를 아무 데나 버리는 것들이 환경 파괴와 관련있을 것 같은데 말이죠. 스마트폰으로 영상을 시청하는 것은 우리가 평상시에 생각하는 환경 파괴 행동과 관련이 없는 것 같아 보이지만 최근 연구 결과에 따르면, 온라인으로 동영상을 30분간 시청하게 되면 무려 이산화 탄소가 1.6kg이 발생한다고 해요. 30분 정도의 영상 시청은 보통 유튜브 두 편을 보는 시간과 비슷하죠. 그런데 이산화 탄소 1.6kg은 우리 지구에 어떤 의미인지 잘 와닿지 않을 수도 있어요. 앞서 계속 지구의 평균 온도가 올라가는 현상인 지구 온난화를 일으키는 주요 원인 중 하나가 이산화 탄소인 것을 기억하죠? 지구가 자꾸 더워지게 하는 원인인 이산화 탄소 1.6kg은 자동차를 15분 이상 높은 속도로 운전할 때 발생하는 이산화 탄소량과 같다고 해요. 가만히 누워서 스마트폰 영상을 보는 것이 지구의 입장에서는 썩 달갑지 않을 것 같아요.

스마트폰으로 영상을 보기 위해서 꼭 필요한 시설이 있어요. 바로 데이터 센터예요. 데이터 센터라는 단어가 낯선 친구들이 많을 거예요. 데이터 센터는 말 그대로 인터넷과 관련된 엄청난 데이터를 모아두고 스마트폰과 같은 전자기기에 데이터를 전송하는 시설이에요. 예를 들면 우리가 어떤 유튜브 영상을 클릭하자마자 볼 수 있는 것은 데이터 센터에 있던 정보가 스마트폰으로 전송되기 때문이죠. 우리가 온종일 스마트폰과 같은 전자기기를 사용할 수 있는 이유도 데이터 센터가 24시간 운영되기 때문이랍니다.

또한 데이터 센터가 자신의 역할을 제대로 수행하기 위해서는 상당히 많은 전기에너지가 필요해요. 그리고 이러한 전기에너지가 발생할 때 지구를 더워지게 하는 이산화 탄소가 많이 발생해요. 그렇다면 데이터 센터는 언제 전기에너지를 주로 사용할까요? 데이터를 모아두고 다른 스마트폰으로 전송할 때 전기에너지를 쓰긴 하지만, 데이터 센터가 내뿜는 엄청난 열을 식힐 때 가장 많은 전기에너지를 써요. 우리도 열심히 공부하면 머리에 열이 나는 느낌이 들 때가 있죠. 데이터 센터도 자신의 역할을 충실히 하다 보면 열이 발생해요. 그런데 열을 식히지 않으면 데이터 센터의 장비가 쉽게 손상될 수 있기에 반드시 꼭 열을 식히는 과정이 필요하지요. 인터넷 검색을 하고 프로그램으로 문서 작업을 하는 것보다 영상을 시청하는 것이 상당히 많은 전기에너지를 쓰고, 열도 더 많이 생긴다고 해요. 요즘은 좋아하는 영화나 영상을 보면서 삶의

즐거움을 누리는 사람들이 점점 많아지고 있다 보니 데이터 센터에서 방출하는 이산화 탄소의 양도 많아지고 있어요. 나도 지구도 함께 즐거움을 누릴 수 있도록 너무 오래 영상을 시청하지 않는 것이 중요하다고 생각해요.

글쓰기에 힘이 되는 배경 지식 알아보기

앞에서 과학 이야기를 읽고 난 후 데이터 센터에서 지구 온난화를 일으키는 이산화 탄소가 많이 나올 수밖에 없다는 것을 알게 되었죠? 그렇다고 우리가 이제 인터넷이나 스마트폰 없이 세상을 살 수 없는데, 결국 지구 온난화가 계속 심해지게 둘 수밖에 없을까요? 다행히 요즘 많은 기업이 데이터 센터에서 발생하는 이산화 탄소량을 줄이기 위해서 엄청난 노력을 하고 있어요.

미국의 IT 기업인 마이크로소프트에서는 데이터 센터를 바다에 건설했어요. 앞서 시미쌤이 데이터 센터가 제대로 작동하기 위해서는 전기에너지가 많이 필요하고, 열심히 일하는 데이터 센터의 엄청난 열을 식히는 것이 꼭 필요하다고 했지요. 게다가 데이터를 다른 스마트폰에 전달하는 것보다 열을 식히는 데 더 많은 전기에너지가 필요하다고 했어요. 열을 식히는 과정에서 이산화 탄소가 더 많이 생기는데, 마이크로소프트는 이 과정에 집중했어요. 북극 근처의 차가운 바닷속에 데이터 센터를 집어넣으면 굳이 많은 전기에너지를 사용하지 않아도 열이 충분히 식혀질 수 있다고 생각했어요. 일반적으로 전기가 통하는 물체를 물에 넣는다는 것은 상상하기 어려운 일이죠. 많은 사람이 말도 안 되는 생각이라고 했지만 현재 마이크로소프트의 해저 데이터 센터 계획은 성공적으로 작동하고 있답니다. 이외에도 구글은 북극과 북유럽 지역의 차가운 바람이 데이터 센터 내부에 잘 통하도록 해서 굳이 전기에너지를 많이 사용하지 않아도 열이 식혀질 방법을 적극적으로 연구해 사용하고 있답니다.

오늘의 과학 글쓰기

글쓰기를 준비해요!

과학 이야기를 읽고 난 뒤, O/× 퀴즈를 풀어봅시다.

① 온라인으로 동영상을 30분간 시청하더라도 이산화 탄소는 거의 발생하지 않는다. (O / ×)

② 스마트폰으로 영상을 보기 위해서는 데이터 센터가 꼭 필요한데, 데이터 센터에서 인터넷과 관련된 엄청난 데이터를 모아두고 스마트폰에 영상을 전송하기 때문이다. (O / ×)

③ 데이터 센터가 발생하는 열을 식히는 것보다 스마트폰에 영상을 전송할 때 전기에너지가 더 많이 소모된다. (O / ×)

④ 데이터 센터에 열을 식히는 것은 꼭 필요한 것은 아니며, 굳이 열을 식히지 않아도 스마트폰으로 영상을 잘 볼 수 있다. (O / ×)

⑤ 인터넷 검색을 하고 프로그램으로 문서 작업을 하는 것보다 영상을 시청할 때 전기에너지와 열이 많이 소모된다. (O / ×)

경고문 글쓰기에 대해 알아볼까요?

스마트폰 영상을 자주 보는 것이 우리가 함께 사는 지구를 더워지게 한다는 것을 알게 되었어요. 하지만 스마트폰과 기후 변화의 관계에 대해 잘 모르는 사람들이 아직도 많을 것 같아요. 오늘은 '스마트폰을 많이 사용하면 우리 지구가 더워질 수 있다'라는 주제로 경고문을 쓰려고 해요.

경고문에는 다음 두 가지 요소가 꼭 들어가야 해요.

1. ==무엇에 대한 경고인지 명확하게 써요.== 예를 들면 스마트폰을 오래 사용하면 우리 지구가 더워질 수도 있다는 내용의 경고문을 써야 하는데 갑자기 스마트폰 게임을 적게 하자는 내용이 나오면 어색하겠죠?

2. ==경고의 이유를 설명해요.== 무작정 사람들에게 '하지 마세요'라고 말하면 싫어할 수도 있어요. 오늘 시미쌤과 함께 읽은 내용을 바탕으로 부드럽게 설명해보세요.

정답 ①× ②O ③× ④× ⑤O

| 함께 써볼까요? | **스마트폰 영상 시청이 기후 변화를 일으킨다는 경고문 쓰기** |

경고문은 조심하도록 미리 주의를 주는 글이에요. 오늘은 스마트폰으로 영상을 시청하기 전에 지구가 얼마나 고통받고 있는지 안내하는 경고문을 작성해보려고 해요.

① 스마트폰으로 영상을 재생하기 위해 데이터 센터에서는 어떤 **역할**을 하나요?

② 데이터 센터에서 전기에너지를 많이 사용하는 것은 지구 온난화 측면에서 왜 **좋지 않은 영향**을 미치는지 설명해보세요.

③ 스마트폰으로 영상을 시청하기 전에 '영상을 오랫동안 시청하면 지구 온난화에 부정적인 영향을 미친다'는 것을 강조하는 **경고문**을 만들려고 합니다. 여러분이 자유롭게 경고문을 만들어보세요.

4장 기후 위기

5장

우주

#인공위성 #우주쓰레기 #별관측

#성운 #나사

난이도 ★★★

꼼꼼히 읽으면 충분히 할 수 있어요

교과서 찾아보기

3학년 과학 지구의 모습
5학년 과학 물체의 운동, 지구와 달의 운동, 태양계와 별
6학년 과학 계절의 변화

밤하늘을 올려다보면 반짝반짝 빛나는 별이 정말 아름답다고 느껴본 적이 있나요? 가끔 시미쌤은 별을 볼 때마다 정말 아름다워서 가슴이 벅찰 때가 있답니다. 그럴수록 우주에 직접 꼭 가보고 싶다는 생각을 할 때도 있어요. 여러분은 어떤가요? 우주에 대해 더 알고 싶어지나요? 이번 장에서는 많은 사람이 아직 가보지 못한 우주를 좀 더 깊이 배워볼게요. 그러고 나서 우주에 관한 여러분의 생각을 글로 직접 멋지게 정리해볼게요. 어때요, 준비됐나요?

22일차

인공위성 덕분에 길을 잘 찾을 수 있다고?

글쓰기한 날짜
 월 일 (요일)

글쓰기 종류 간추려 글쓰기

#인공위성

오늘의 글쓰기 상황

우크라이나에 사는 요미의 친구도, 태평양 한가운데서 큰 배를 운전하시는 요미의 삼촌도 인공위성 덕분에 아주 멀리 떨어진 요미와 계속 연락할 수 있어요. 요미는 인공위성이 우리가 편리한 삶을 살도록 어떤 일을 하는지 궁금해졌어요!

 시미쌤의 과학 이야기

혹시 고양이나 강아지 같은 반려동물을 키우는 친구들이 있나요? 반려동물은 여러분의 주위를 계속 뱅뱅 돌면서 귀여운 애교를 부리기도 하죠. 우리 지구도 주위를 뱅뱅 도는 반려동물 같은 천체가 있답니다. 이러한 천체들을 '위성'이라고 해요. 위성의 정확한 의미는 지구, 화성, 목성과 같은 행성이나 소행성 등의 주변을 공전하는 천체를 의미해요. 공전이라는 것은 쉽게 말하면 주위를 뱅뱅 돈다는 것인데, 불규칙적으로 도는 것이 아니라 나름의 규칙을 가지고 도는 것이에요. 우리가 살고 있는 지구라는 천체 주위를 규칙적으로 돌고 있는 위성으로는 달이 있어요.

그런데 지구 주위를 도는 위성은 총 몇 개일까요? 달 하나뿐이라고 생각할 수 있겠지만 사실 그렇지 않아요. 달은 우주에서 자연적으로 생긴 위성이지요. 하지만 사람이 위성을 직접 만들기도 해요. 우리는 이러한 위성을 '인공위성'이라고 말하지요. 인공위성의 역사는 생각보다 오래 되었어요. 2차 세계대전 이후, 미국과 소련의 거센 힘겨루기로 전 세계가 둘로 나뉘었던 냉전 시기로 거슬러 올라가요. 그 당시 최고 이슈는 '지구 주위를 도는 인공위성을 누가 먼저 쏘아 올릴까?'였고, 소련이 최초의 인공위성인 '스푸트니크 1호'를 성공적으로 쏘아 올렸어요. 보란듯이 성공한 소련의 모습에 충격을 받은 미국은 서둘러 미 항공우주국이라고 불리는 나사(NASA)를 만들었지요.

그렇다면 이러한 인공위성을 왜 쏘아 올릴까요? 인공위성의 종류에는 여러 가지가 있어요. 지구 전체의 안전을 위협할 수 있는 핵폭발 시설이 있는지 등을 확인하기 위한 군사위성, 지구의 날씨를 관측하기 위한 기상위성도 있지요. 기상위성이 보내준 사진들이 우리가 자주 보는 일기예보에도 등장해요. 그리고 통신위성 덕분에 한밤중에 유럽의 축구 경기를 볼 수 있으며, 태평양을 항해하는 선원들이 한국을 그리워하며 영상을 다운로드하여 받아 볼 수도 있지요. 차에 탔을 때 '경로를 재탐색합니다'라고 말하는 내비게이션도 통신위성을 활용해요.

나사(NASA, 미 항공우주국)를 만들었던 당시에는 인공위성 발사에 성공한 나라가 20여 개도 안 되었어요. 인공위성을 쏘지 못하는 나라일지라도 우주에 대해서 더 알고 싶은 건 당연하겠죠. 그래서 나사를 비롯하여 세계의 우주 탐사 기관들은 모두가 인공위성의 혜택을 누릴 수 있도록 하려면 어떻게 할 수 있을지 고민했어요. 이러한 고민의 해결책으로 활발하게 연구되는 것이 통신위성을 활용한 '위성 인터넷'이에요. 지구와 가까운 우주에 인공위성을 촘촘하게 발사해서 지구상의 모든 사람이 연결해 서로 정보를 교환할 수 있도록 하는 것이죠. 러시아와의 전쟁으로 인해 기존 인터넷망이 끊겨 가족, 친구의 생사를 확인할 수 없는 우크라이나 사람들이 위성 인터넷 덕분에 서로 연락할 수 있었지요. 또 전 세계에 전쟁의 피해를 실시간으로 전달할 수 있었지요.

또 인공위성 덕분에 기후 변화의 심각성도 드러나게 되었어요. 예를 들면 지구의 해수면 상승만 감시하는 인공위성 덕분에 지구의 해수면이 매우 빠른 속도로 상승하는 사실을 알게 되었지요. 지구에서 얼마나 많은 온실가스가 배출되는지도 알게 되었답니다. 특히 지구에서 방출되는 온실가스의 양은 지구 내에서 직접으로 관측할 수 없기에 더욱더 지구 밖에서 지구를 감시하고 관찰하는 인공위성의 도움이 꼭 필요해요. 특히 유럽 우주국(ESA) 사무총장은 "위성이 없었다면 기후 변화에 대해 알지 못했을 것"이라며 "위성은 쉽게 관측하기 어려운 정보를 제공하기 때문에 인공위성이 없었으면 오늘날 우리가 기후 변화에 대해서 많이 알지 못했을 것"이라고 말했어요.

글쓰기에 힘이 되는 배경 지식 알아보기

우주탐사하면 빼놓을 수 없는 기관인 미 항공우주국(NASA)은 무슨 일을 하는 곳일까요? 나사는 미국 정부의 우주 탐사 기관으로, 우주에 관련된 다양한 탐사를 적극적으로 한답니다.

첫째, 나사는 달, 화성, 토성, 목성 및 외계 행성을 포함한 태양계의 여러 천체를 조사하고 탐색하는 임무를 수행해요. 수많은 탐사를 수행해왔지만 대표적으로 아폴로 프로그램을 통해 달에 인간을 보냈으며, 미래에는 화성 탐사와 우주로의 인간 여행을 계획하고 있어요. 둘째, 항공 기술 발전에 큰 기여를 하고 있어요. 셋째, 지구과학에 관한 각종 연구를 수행해요. 우주뿐만 아니라 지구의 기후 변화에 대해서 적극적으로 연구해요. 지구 대기의 미세 먼지 농도에 관한 연구를 수행하고 있고, 기후 변화를 막기 위한 다양한 노력을 하고 있어요.

오늘의 과학 글쓰기

글쓰기를 준비해요!

지구 주위를 도는 인공위성 덕분에 우리는 이전보다 좀 더 편리한 일상을 살 수 있게 되었고, 기후 변화가 얼마나 심각한지도 구체적으로 알게 되었어요. 오늘 글을 읽고 아래 마인드맵을 채워볼게요.

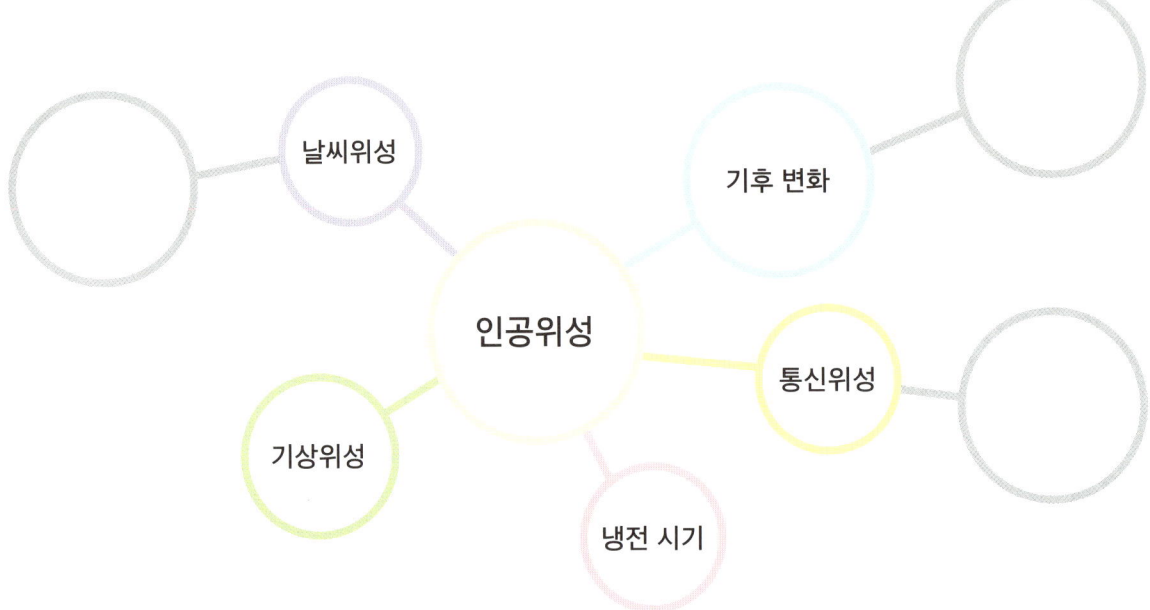

세 가지로 간추려서 설명하는 글쓰기에 대해 알아볼까요?

오늘 배울 글쓰기는 사람들이 새롭게 알게 된 이야기나 중요하다고 생각하는 이야기를 전달할 때 자주 쓰는 방법이에요. 바로 내 생각을 뒷받침하는 세 가지의 이유를 들어 설명하는 것이에요.

그저 "나는 인공위성이 우리 삶에 도움이 된다고 생각해요"라고만 말하는 것보다 인공위성이 왜 우리 삶에 도움이 되는지 이유를 설명하면 읽는 사람도 여러분의 생각에 쉽게 공감할 수 있어요. 그리고 한 가지의 이유만 쓰는 것보다 적어도 세 가지의 이유를 쓰는 것이 읽는 사람에게 내 생각을 강력하게 전달할 수도 있어요.

이유를 세 가지나 찾으려니 어려워 보일 수도 있지만 오늘 시미쌤과 함께 읽은 이야기를 다시 한 번 꼼꼼히 읽어보고, 중요하다고 생각하는 부분에 밑줄도 그어보면 쉽게 쓸 수 있을 거예요.

| 함께 써볼까요? | 인공위성이 우리 삶에 도움이 되는 이유를 세 가지로 간추려서 설명하기 |

글을 쓰면서 잊지 말아야 할 중요한 점을 알려 줄게요. 여러분의 글에 다음의 내용이 포함되었는지 체크 표시를 해보세요.

- ☐ 군사위성, 기상위성, 통신위성, 위성 인터넷이 어떤 역할을 하는지 과학 이야기를 꼼꼼히 읽으며 정리해요.
- ☐ 인공위성 덕분에 우리 삶에 도움이 되는 점은 무엇일지 설명해요.

인공위성은 지구 주위를 규칙적으로 공전하는 물체야. 그리고 인공위성은 지구 주위를 돌면서 다양한 정보를 수집하면서 사람들에게 도움을 줘. 인공위성이 우리 삶에 긍정적인 영향을 주는 세 가지 이유는 다음과 같아.

첫 번째는 _____

_____

_____

_____

_____

두 번째는 _____

_____

_____

_____

_____

세 번째는 _____

_____

_____

_____

_____

23일차

인공위성이 쓰레기가 된다고?

글쓰기한 날짜   월   일 (요일)

글쓰기 종류 상상 글쓰기

#우주쓰레기

오늘의 글쓰기 상황

우주 탐사를 위해서 지구 주변을 돌고 있는 인공위성이 사실 쓰레기라고요? 우주 쓰레기로 어려움을 겪고 있는 우주 비행사의 소식을 들은 요미. 그런데 아직 많은 사람이 이 문제의 심각성을 모르는 것 같아 걱정이에요.

시미쌤의 과학 이야기

가끔 사람이 많이 모이는 놀이공원, 동물원 등의 여행지를 가보면 길바닥에 아무렇지 않게 쓰레기가 버려져 있거나 쓰레기통이 곧 넘칠 것처럼 가득 차 있기도 하고, 분리수거도 잘 안된 것을 본 적이 있을 거예요. 안타깝게도 사람들이 많이 모여있는 공간에는 어쩔 수 없이 쓰레기도 많이 생기는 것 같아요. 우주에도 이런 쓰레기가 있어요. 요즘 많은 국가와 기업에서 우주에 발사체를 보내 우주를 탐사하려고 하죠. 예를 들면 우주 여행을 가고, 인공위성을 쏘고, 화성을 탐사하기 위한 탐사선을 보내는 것들이 있지요. 우주 곳곳을 탐사하는 목적을 이루고 오래도록 탐사하면 좋지만 영원히 작동할 수 없다고 해요. 인공위성, 로켓, 탐사선 등 우주로 보낸 발사체들은 정해진 수명이 끝나면 우주 쓰레기가 될 수 있어요.

우주 쓰레기는 그 크기와 모양이 매우 다양해요. 예를 들면 앞서 말한 수명이 다 되어 더 이상 기능을 할 수 없는 인공위성도 있지만 로켓 분리 과정에서 어쩔 수 없이 생기는 작은 파편 조각들도 있어요. 파편 조각들끼리 지구 주위를 돌다가 서로 부딪혀 더 작은 파편으로 쪼개진 것도 우주 쓰레기가 돼요. 게다가 우주 비행사가 임무를 수행하다가 실수로 떨어트린 장갑, 볼트, 너트 등의 공구도 우주 쓰레기가 되지요.

우주 쓰레기는 그저 우주에서 떠다니는 것 뿐이니 가만히 내버려 두면 큰 문제가 안 될 것 같다고 생각할 수 있어요. 하지만 우주 쓰레기는 무척 위험해요. 우주 쓰레기는 평균적으로 총알이 날아가는 속도보다 빠르게 우주 공간에서 이동해요. 그래서 우주 쓰레기가 활발히 활동하는 인공위성, 우주 정거장들과 충돌하게 되면 인공위성이나 우주 정거장들이 그 기능을 제대로 할 수 없을 정도로 큰 영향을 받기도 해요. 그리고 가끔 우주 쓰레기가 지구로 떨어지는 경우도 있어요. 물론 지구를 둘러싼 대기에 의한 마찰로 우주 쓰레기가 다 타버리는 경우도 있지만, 크기가 매우 크거나 잘 타지 않는 재질로 만들어진 우주 쓰레기가 지구에 떨어질 경우 대규모 낙하 사고가 생길 수도 있어요.

요즘은 우주 쓰레기가 지구에 잘못 떨어지거나 우주에서 서로 크게 충돌해서 사고가 나지 않도록 우주 쓰레기를 감시하기도 해요. 미국은 고성능 레이저를 활용해서 우리 손바닥 정도로 아주 작은 우주 쓰레기가 어디에 있으며, 어떻게 움직이는지 파악하고 있어요.

지금 이 글을 읽는 여러분 중에서 '우주 쓰레기를 다시 지구로 가져와서 처리하면 안 될까?'라고 생각할 수도 있어요. 물론 우리가 버린 쓰레기를 다시 가져오는 것은 참 좋은 생각이지만, 안타깝게도 비용이 무척 많이 들어 실제로 수행할 수가 없다고 해요. 그래서 나사(NASA)를 비롯한 많은 우주 탐사 기관들이 현재 머리를 맞대고 '우주 쓰레기로 인한 피해를 최소화하려면 어떻게 하면 좋을까?'에 대해 무척 고민하고 있답니다. 그 방법들 중에서 재미있는 아이디어가 많아요. 예를 들면 우주에 떠다니는 쓰레기를 레이저로 폭파하는 방법도 있고, 우주 쓰레기를 치우는 거대 쓰레기 청소위성을 쏘자는 의견도 있어요. 게다가 우리가 보통 쓰레기를 치울 때 청소기로 빨아 당겨서 버리는 것에 착안하여 우주에서 거대한 가스를 뿜어내는 청소기 인공위성도

쏘아 올리자는 제안도 있었어요. 일본 우주 탐사 기관(JAXA)에서는 전기끈으로 우주 쓰레기를 몽땅 묶어서 버리는 아이디어를 제시했고, 현재 우주에서 이 아이디어가 가능한지 실험도 진행 중이라고 해요. 또한 우주 끈끈이라는 거대한 끈끈이 막을 우주에 띄워서 우주 쓰레기가 끈끈이에 붙도록 하자는 의견도 있어요.

여러분도 일상 생활에서 부모님과 함께 청소할 때 나만의 정리정돈법이 있나요? 그걸 발전시켜서 세계 각국의 우주 탐사 기관에 우주 쓰레기 청소 방법으로 제안해보는 것은 어떨까요?

글쓰기에 힘이 되는 배경 지식 알아보기

우주 쓰레기의 위험성에 대해서 처음으로 강조한 사람은 누구일까요? 바로 나사(NASA) 소속 과학자 도널드 케슬러 박사예요. 케슬러 박사는 우주 개발이 진행될수록 우주 쓰레기가 많아질 수밖에 없다는 상황에 집중했어요.

만약, 어쩌다가 우연히 우주 주위를 돌고 있는 인공위성과 탐사선이 서로 겹치게 된다면 어떻게 될까요? 일반적인 자동차도 서로 부딪히면 큰 사고가 날 수 있는데, 그보다 훨씬 더 빠르게 움직이는 인공위성이 서로 충돌하게 된다면 어떨까요? 두 위성이 산산이 조각나는 건 당연하겠죠. 게다가 수천 개의 쓰레기 조각들이 우주 공간을 채우게 되겠죠. 그리고 우연히 그 쓰레기 조각이 다른 인공위성이나 발사체와 충돌하게 된다면 어떻게 될까요?

케슬러 박사가 한 다소 엉뚱한 생각을 우리는 '케슬러 신드롬'이라고 해요. 우주 쓰레기가 다른 위성 등에 충돌하면 또 다른 우주 쓰레기가 생성되고, 이것이 다른 인공위성과 충돌하는 연쇄반응을 일으켜서 궤도 전체가 우주 쓰레기로 덮일 수 있다는 것이에요. 여러분은 케슬러 박사님의 생각에 동의하시나요? 혹은 절대로 그럴 일이 없다고 생각하나요? 우주 개발을 위해서 많은 탐사선과 인공위성을 발사하는 것도 중요하지만, 우주 쓰레기 문제도 한번쯤 생각해봐야 할 것 같아요.

오늘의 과학 글쓰기

글쓰기를 준비해요!

오늘은 우주 개발을 하게 되면 어쩔 수 없이 생기는 우주 쓰레기에 대해서 알아봤어요. 우주 쓰레기에 대한 많은 내용이 있어서 복잡하게 느껴지나요? 본격적인 글쓰기를 시작하기 앞서서 아래 마인드맵을 채워보세요.

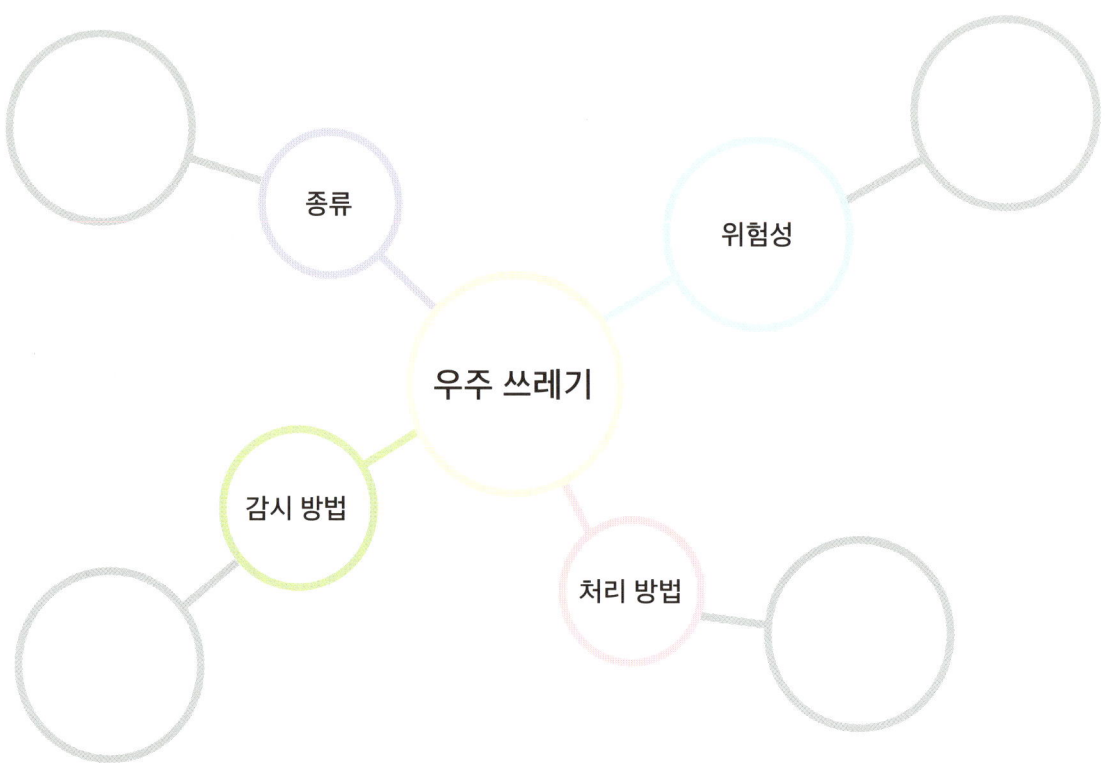

우주 쓰레기를 치우는 방법을 상상해서 글쓰기에 대해 알아볼까요?

지금도 우주 쓰레기를 치우는 방법에 대해서 많은 나라들이 고민하고 있답니다. 어떤 방법이 좋다고 명확하게 나타난 것은 아직 없어요. 즉, 여러분이 제안한 방법도 우주 쓰레기를 치우는 좋은 방법이 될 수 있다는 것이에요. 방법을 생각할 때 너무 어렵게 생각할 필요는 없어요. 놀랍거나 새로워 보이는 방법도 사실은 우리 일상에서 자주 하는 행동들에서 아이디어를 얻는 경우가 많기 때문이에요.

나와 우리 가족은 평상시에 청소할 때 어떤 도구를 사용하고 어떤 방법을 사용하는지, 학교에서 선생님께서는 교실 청소를 할 때 어떤 말씀을 하시는지 잘 떠올려보면 좋아요.

| 함께 써볼까요? | **우주 쓰레기를 청소하는 방법을 상상해서 제안하는 글쓰기**

글을 쓰면서 잊지 말아야 할 중요한 점을 알려 줄게요. 여러분의 글에 다음의 내용이 포함되었는지 체크 표시를 해보세요.

- ☐ 우리가 평상시에 어떻게 청소하는지 일상생활을 먼저 떠올려요.
- ☐ '내가 생각한 방법이 이상하면 어떡하지?'라고 걱정하지 말고 다양한 방법을 생각해 봐요.

① 평상시 나와 우리 가족의 청소 방법을 떠올려보세요.

STEP 1 나와 우리 가족은 청소할 때 어떤 물건을 사용하나요?

_____

STEP 2 나와 우리 가족은 청소할 때 어떤 방법을 활용하나요?

_____
_____
_____

② 나와 우리 가족의 청소 방법을 바탕으로 우주 쓰레기를 어떻게 청소하면 좋을지 내 생각을 적어보세요.

TIP! 엉뚱한 생각도 괜찮아요. 우주 쓰레기를 치울 좋은 방법에 대해서 많은 사람이 함께 고민하고 있으니 여러분의 다양한 생각을 적어보세요.

TIP! 청소 방법에 대한 생각이 잘 나지 않는다면 앞서 읽어본 방법을 좀 더 발전시켜도 좋아요. 예를 들면 레이저로 쓰레기를 폭파하는 방법을 좀 더 발전시킬 수 있는 방향이 있는지 생각해보세요.

_____
_____
_____
_____

24일차

밝은 빛이 공해가 된다고?

글쓰기한 날짜
 월 일 (요일)

글쓰기 종류 설명하는 글쓰기

#별관측

#빛공해 #빛

오늘의 글쓰기 상황

반짝반짝 빛나는 별을 보고 싶어서 칠흑같이 어두운 밤까지 눈을 비비며 졸음을 참은 토미. 하지만 기대한 것처럼 많은 별은 보지 못했어요. 호주에 사는 토미의 SNS 친구가 올린 별 사진에는 많은 별이 있었는데, 서울에서는 왜 별을 잘 볼 수 없는지 궁금해졌어요.

시미쌤의 과학 이야기

반짝반짝 빛나는 별은 낮에 주로 보일까요, 밤에 주로 보일까요? 당연히 깜깜한 밤에 별이 잘 보이지요. 하지만 요즘에는 밤에도 아주 깜깜하지 않아서 여러모로 불편한 점이 많아요. 아주 깜깜해야 할 밤에 가로등 불빛, 간판 불빛 등과 같은 인공 조명으로 인해 환경과 삶에 어려움을 겪는 현상을 '빛 공해'라고 해요. 특히 별을 관측하는 천문학자들이 빛 공해 때문에 밤하늘을 관측하는 데 매우 어려움을 겪고 있어요. 단순히 생각해 보면 별은 어두울 때 더 잘 보이기 때문에 밝으면 당연히 별을 관측하기 어려울 수 있다고 생각할 수 있지요. 물론 여러분이 생각한 것도 맞는 말이에요. 하지만 어두워야 할 밤이 밝아지면 천문학자들은 왜 별을 관측하기 어려워지는지 좀 더 차근차근 살펴볼게요.

천문학자들이 별을 어떻게 연구하는지 알고 있나요? 망원경으로 관측한 사진을 보면서 별이 어디에 있는지를 볼 수도 있어요. 하지만 많은 천문학자는 별이나 은하가 내뿜는 빛을 연구한답니다. 그렇다면 별이나 은하에서 방출되는 빛은 도대체 무엇일까요? 빛에 대해서 좀 더 자세히 알아볼까요?

빛은 아주 오랜 세월 과학자들이 연구해 온 분야이고, 지금도 활발한 연구가 진행되고 있어요. 빛은 상당히 많은 종류로 나눌 수 있지만 우리 눈으로 볼 수 있는 빛과 우리 눈으로 보기 어려운 빛으로 나뉘어요. 별이나 은하에서 방출되는 빛에는 가시광선, 자외선, 적외선이 있어요. 우리 눈으로 볼 수 있는 빛을 가시광선이라고 하고, '빨주노초파남보'로 보이는 무지개가 대표적이에요. 하지만 우리 눈으로 모든 빛을 볼 수 있는 것은 아니에요. 예를 들면 더운 여름날 사람의 피부를 태우는 자외선이 있고, 자동문이 사람을 감지할 때 사용하는 적외선도 있어요.

천문학자들은 별이 내뿜는 빛을 통해서 별과 은하에 대해서 상당히 많은 정보를 얻을 수 있어요. 우리가 아주 멀리 떨어진 별과 은하에 직접 갈 수 없기에 빛이 전해 주는 정보는 더욱 중요하지요. 그렇다면 빛을 통해서 별과 은하와 같은 천체에 대해 어떤 정보를 얻을 수 있을까요? 바로 어떤 별을 이루는 주된 성분이 무엇인지를 알 수 있어요. 어떤 별이 수소로 이루어져 있는지 아닌지 직접 별에 가보지 않아도 쉽게 알 수 있어요. 별을 이루는 주된 성분을 알게 되면 별의 나이를 쉽게 계산할 수 있어요. 게다가 하늘에 있는 별과 은하와 같은 천체들이 거의 움직이지 않는 것처럼 보이지만, 사실 우리가 사는 지구와 가까워지기도 하고 멀어지기도 해요. 이러한 천체의 움직임도 빛으로 알 수 있지요. 한 번 나가기도 어려운 우주에 대한 많은 이야기를 빛만 제대로 관측하면 얻을 수 있다는 거예요.

하지만 밤이 더욱 밝아지면서 천문학자들에게 고민이 생겼죠. 지구와 멀리 떨어진 천체에서 내뿜는 빛을 관측하기는 쉽지 않아요. 그런데 이제는 어두운 밤을 밝히는 여러 조명이 관측을 더 방해하죠. 천문학자들은 관측한 빛이 별에서 내뿜는 빛인지, 가로등 불빛인지 헷갈릴 지경이 되었어요. 실제로 전 세계 주요 천문대의 절반 이상이

빛 공해로 인해 충분한 천체 관측하지 못한다고 해요. 게다가 요즘에는 우주 공간을 둘러싸는 인공위성과 우주 쓰레기 수가 증가해서 밤하늘 자체도 더욱 밝아졌다고 해요. 땅에서는 사람들이 만든 조명 때문에 하늘에서는 사람들이 쏘아 올린 인공위성 때문에 어두워야 할 밤하늘이 더욱 밝아지고 있어요. 우주의 비밀을 풀기 위해서 우리 모두 어둠을 즐길 필요가 있어 보여요.

글쓰기에 힘이 되는 배경 지식 알아보기

밤하늘이 아주 깜깜하지 않아서 별을 관측하기 어려운 현상을 빛 공해라고 했어요. 그런데 이러한 빛 공해가 별을 관측하는 데만 불편함을 주는 것은 아니에요. 가로등 불빛, 건물의 간판과 같은 인공적인 불빛은 동물, 식물, 사람에게도 부정적인 영향을 미쳐요. 대표적인 예로 매미가 있어요. 뜨거운 태양이 내리쬐는 여름 낮에 우는 매미 소리를 한 번쯤 들어본 적 있지요? 매미는 원래 낮에만 울고 밤에는 잠을 자기에 울지 않아요. 하지만 이제는 도시를 휘감는 가로등 불빛, 간판 불빛, 건물의 빛 등으로 밤을 낮이라 착각해서 온종일 운다고 해요.

또한 식물이 잘 자라고, 새로운 씨앗을 낳게끔 하는 데에도 빛 공해가 좋지 않은 영향을 미쳐요. 일부 식물은 밤에 곤충에 의해서 꽃가루가 옮겨져요. 꽃가루가 옮겨지는 과정이 있어야지만 수정이 되어 씨앗이 형성돼요. 그런데 밤이 너무 밝아짐에 따라, 곤충이 밤에 꽃가루를 옮기는 식물은 제대로 씨앗을 맺지 못하게 돼요. 씨앗을 맺지 못하게 되면 자연스럽게 식물의 수도 줄게 되지요.

게다가 너무 밝은 밤은 사람에게도 좋지 않은 영향을 미쳐요. 여러분은 혹시 집 근처 가로등 불빛 때문에 잠을 설쳐본 적 있나요? 건물이 빽빽하고 사람들이 많이 지나다니는 번화가에 사는 사람 중에 가로등 불빛이나 빌딩 창문에 의해 반사된 빛 때문에 불면증이 생긴 사람들이 꽤 많아졌다고 해요. 이렇게 밝아진 밤 때문에 잠을 제대로 자지 못하면 푹 자는 사람들과 비교해서 비만, 당뇨, 우울증 등의 어려움을 더 많이 겪는다고 해요.

오늘의 과학 글쓰기

글쓰기를 준비해요!

과학 이야기를 읽고 난 뒤, O/× 퀴즈를 풀어봅시다.

① 깜깜해야 할 밤이 인공 조명으로 인해 계속 밝아서 동식물이나 사람이 환경과 삶에 어려움을 겪게끔 하는 현상을 빛 공해라고 한다. (O/×)

② 천문학자들은 별, 은하와 같은 천체를 연구할 때 방출되는 빛을 분석하는 방법을 활용한다. (O/×)

③ 모든 빛은 눈으로 볼 수 있으며, 대표적인 예로는 빨강색, 주황색, 노란색이 있다. (O/×)

④ 눈으로 볼 수 없는 빛이 있는데, 대표적인 예로는 자외선이나 적외선이 있다. (O/×)

⑤ 천체의 나이, 천체의 주된 성분을 연구하는 것은 별, 은하와 같은 천체가 내뿜는 빛을 분석하는 방법으로 연구하기 어렵다. (O/×)

'빛 공해' 현상에 대해 설명하는 글쓰기에 대해 알아볼까요?

오늘의 글쓰기는 핵심 개념인 '빛 공해' 현상에 대해서 설명하는 글을 써볼 거예요. 어떤 개념을 설명하려니 막상 부담도 되고, 틀릴까봐 걱정이 되기도 하지만 그럴 필요 없답니다. ==설명하는 글쓰기는 내가 알고 있는 내용을 선생님이 된 것처럼 말하듯이 설명해 주면 돼요.== 시미쌤과 함께 읽은 글의 내용을 모두 다 써야 하는 것도 아니에요. 설명하는 글쓰기를 잘하는 두 가지 꿀팁이 있어요.

1. 시미쌤과 함께 읽어본 과학 이야기를 다시 한 번 읽어보면서 중요한 부분에 밑줄을 그어보세요.

2. 길게 설명하는 것이 무조건 좋은 것이 아니랍니다. 짧게 설명해도 괜찮으니 부담 갖지 마세요!

답 ① O, ② O, ③ ×, ④ O, ⑤ ×

| 함께 써볼까요? | '빛 공해' 현상에 대해 설명하는 글쓰기 |

별을 보지 못해 실망한 토미에게 '빛 공해' 현상에 대해 설명하는 글을 써보아요.

글을 쓰면서 잊지 말아야 할 중요한 점을 알려 줄게요. 여러분의 글에 다음의 내용이 포함되었는지 체크 표시를 해보세요.

- ☐ '빛 공해' 현상이 무엇인지 그 의미를 설명해요.
- ☐ 별이 내뿜는 빛을 관측함으로써 우리는 별에 대해 어떤 정보를 알 수 있을지 써요.
- ☐ '빛 공해'를 줄일 수 있는 방법에는 무엇이 있는지 설명해요.

밤하늘에 떠있는 별을 보기 위해서 눈을 비비면서 오래 기다렸을 텐데 결국 별을 충분히 보지 못해서 정말 속상했을 것 같아. 그런데 앞으로 서울에서 별을 더욱 보기 어려워질 수도 있어. 참 슬프지?

① 빛 공해가 **무엇**인지 토미에게 **설명**해보세요.

_____

_____

② 빛 공해로 인해 천문학자들의 **연구**에 어떤 어려움이 있는지 설명해보세요.

　TIP! 만약 빛 공해가 없으면 천문학자들은 빛으로 어떤 연구를 더 할 수 있을지 떠올려보세요.

　예 천문학자들은 천체에서 나오는 빛으로 별의 나이를 알 수 있는데, 빛 공해 때문에 별의 나이를 정확하게 측정하는 것이 어려워졌어.

_____

_____

③ 빛 공해를 줄이기 위해서 우리는 어떤 **노력**을 할 수 있을지 여러분의 아이디어를 토미에게 알려 주세요.

_____

_____

_____

25일차 별이 태어나고 죽는다고?

글쓰기한 날짜
 월 일 (요일)

글쓰기 종류 설명하는 글쓰기

#별의성장

#성운   #수소핵융합

오늘의 글쓰기 상황

오랜만에 어린 시절의 사진을 보게 된 지미, 요미, 토미! 어린 시절의 모습이 무척 귀엽기도 하면서, 벌써 초등학생이 된 것이 신기했어요! 우리의 삶과 비슷하게 별도 어린 시절이 있고, 다 큰 별이 있고, 죽음을 앞둔 별도 있다고 해요. 별의 탄생부터 죽음까지 한 번 알아볼까요?

 시미쌤의 **과학 이야기**

여러분은 사진이나 영상을 보면 어릴 적 모습이 기억나나요?

스스로 반짝반짝 빛을 내는 별의 어린 시절은 어땠을까요? 별은 성운이라는 곳에서 탄생해요. 성운은 구름처럼 생긴 것인데 먼지, 기체 등으로 이루어져 있어요. 별의 시작은 성운을 이루는 먼지와 기체가 계속 뭉치면서, 반짝거리며 빛나는 아기별이 탄생해요. 마치 여러분이 찰흙을 조금씩 떼서 뭉치면 어느 순간 작품이 만들어지는 것처럼 성운을 이루는 먼지, 기체도 뭉쳐지면서 아기별이 만들어지죠.

태어나서 부모님의 보살핌을 받아 성장한 여러분처럼 탄생한 아기별도 성장해야 해요. 여러분의 성장 과정은 어땠나요? 부모님께서는 여러분이 잘 자랄 수 있도록 좋은 음식과 좋은 환경, 배움의 기회를 주시기도 했지요. 또한 멋진 어른이 될 수 있도록 공부도 하고 책도 보지요. 별도 마찬가지예요. 성운을 이루는 먼지와 기체가 뭉쳐져서 만들어진 아기별도 성장이 필요하답니다. 아기별의 성장은 오랜 시간 스스로 빛을 내는 별이 되려고 충분한 에너지를 얻는 거예요.

아기별은 수소 핵융합반응을 통해 에너지를 만들어요. 이 말이 조금 어렵지요? 쉽게 생각해 볼까요? 별의 중요한 특징은 스스로 빛을 낼 수 있다는 것이에요. 별이 아주 오랜 시간 동안 스스로 빛을 내기 위해서는 상당히 많은 에너지가 꼭 필요해요. 그렇다면

아기별은 어떤 방법으로 필요한 에너지를 얻을까요? 바로 우주에 아주 많이 존재하는 기체 중 하나인 수소를 이용해요. 수소 기체의 특징은 특별한 조건에서 서로 부딪히면 많은 에너지를 내뿜을 수 있다는 것이에요. 이렇게 에너지를 많이 내뿜을 수 있는 과정을 수소 핵융합이라고 해요. 그러니까 스스로 오랜 시간 빛나기 위해 아기별은 많은 에너지를 만들 수 있는 ==수소 핵융합== 과정을 통해 성장하는 것이죠.

모든 사람이 같은 날에 태어나 죽지 않는 것처럼 별도 얼마나 무거운지 가벼운지 별의 질량에 따라 수명이 다양하답니다. 무거운 편에 속하는 별은 별의 수명이 상대적으로 짧은 편이고, 가벼운 편에 속하는 별은 수명이 꽤 긴 편이에요. 하지만 별의 수명이 아무리 짧아도 사람의 수명과 비교할 수 없이 길어요. 수백만 년을 사는 별도 있지만 백억 년 이상을 사는 별도 있어요. 오랫동안 밝게 빛나는 별도 영원히 빛나지는 않아요. 사람도 별도 언젠가는 삶을 마무리해요. 별이 밝게 타오를수록 내부에 무거운 물질이 많이 쌓이는데, 별 내부에 무거운 물질이 많이 쌓이게 되면 별은 부풀어 오르게 돼요. 모든 별이 그렇지는 않지만 무거운 별 중에서는 부풀어 오르다가 거대한 폭발을

일으키며 죽음을 맞이하기도 해요. 사람도 별도 시작과 끝이 존재해요. 물론 사람의 일생과 비교해볼 때 별의 일생이 훨씬 더 길긴 하지만요. 시미쌤은 여러분이 살아가는 매일의 삶이 별처럼 빛나기를 바라요.

글쓰기에 힘이 되는 배경 지식 알아보기

별이 태어나는 공간인 성운은 그 모양과 생김새가 매우 독특해요. 여러 종류의 성운 종류를 한번 알아볼까요? 성운이라고 하면 딱 떠오르는 가장 대표적인 성운을 '발광 성운'이라고 해요. 이 성운은 반짝반짝 빛이 나요. 대표적인 발광 성운의 예로는 오리온 성운이 있어요. 그런데 이와 반대로 반짝반짝 빛나지 않는 성운도 있어요. 이러한 특징을 보이는 성운을 '암흑 성운'이라고 해요. 암흑 성운은 일종의 그림자예요. 깜깜한 것이 특징인 암흑 성운의 대표적인 예로는 말머리 성운이 있어요. 말머리처럼 생긴 것이 정말 신기하지요?

이외에도 여러 성운이 있지만 별이 죽고 난 뒤에 생기는 성운도 있어요. 꽤 무거운 별이 죽음에 이를 때 거대한 폭발이 일어난다고 했던 것 기억나죠? 과학자들은 이렇게 만들어진 거대한 폭발을 초신성 폭발이라고 하고 초신성 폭발의 흔적이 성운이 되기도 해요. 대표적인 초신성 폭발 성운으로는 게 성운이 있어요.

오리온 성운　　　　말머리 성운　　　　게 성운

오늘의 과학 글쓰기

글쓰기를 준비해요!

과학 이야기를 읽고 난 뒤, O/× 퀴즈를 풀어 봅시다.

① 별은 먼지, 기체 등으로 이루어진 성운에서 태어난다. (O / ×)

② 먼지, 기체 등이 뭉쳐서 이루어진 별은 추가적인 성장이 없이도 스스로 빛을 낼 수 있다. (O / ×)

③ 수소 핵융합 반응은 수소 기체가 특별한 조건에서 서로 부딪히며 에너지를 만들 수 있는 것인데, 이 원리로 별도 스스로 빛을 낼 수 있다. (O / ×)

④ 사람의 수명도 개인마다 모두 다른 것처럼 별의 수명도 서로 다르다. (O / ×)

⑤ 무거운 별이 가벼운 별보다 오래 살고 무거운 별은 보통 100억 년 동안 살고, 가벼운 별은 고작 수백만 년을 산다. (O / ×)

별의 성장 과정에 비추어 나의 삶을 설명하는 글쓰기에 대해 알아볼까요?

여러분과 별, 시미쌤의 공통점은 무엇일까요? 맞아요. 다들 어린 시절이 있었고 지금도 성장 중이라는 점이에요. 오늘은 별의 성장 과정에 대해서 집중적으로 살펴봤어요.

어린 시절이나 지금 학교 생활에 대해서 설명해 달라고 하면 왠지 상을 받았거나, 시험에서 좋은 성적을 받았을 때만 이야기하는 친구들이 있어요. 그러나 꼭 그럴 필요는 없답니다. 사소한 이야기도 좋아요. 어릴 때 오이를 못 먹었는데 학교에서 오이 반찬이 맛있어서 오이를 먹게 된 이야기. 어릴 때 못 타던 롤러코스터를 친구들과 타니 두려움을 극복했던 이야기 등 여러분의 삶을 떠올리며 솔직하게 말하면 된답니다.

답: ① O, ② ×, ③ O, ④ O, ⑤ ×

> **함께 써볼까요?** '별의 성장 과정'에 비추어 나의 삶을 설명하는 글쓰기

글을 쓰면서 잊지 말아야 할 중요한 점을 알려 줄게요. 여러분의 글에 다음의 내용이 포함되었는지 체크 표시를 해보세요.

- [ ] 지금까지 성장한 과정을 시간 순서대로 먼저 써요.
- [ ] 요즘 푹 빠져 집중하고 있는 것은 무엇인지 설명해요.
- [ ] 어른이 되면 어떤 일을 하며 살아가고 싶은지 써요.

① 별의 어린 시절은 성운에서부터 '뿅!'하고 탄생했지요. 여러분의 어린 시절은 어땠나요? 부모님이나 친구들과 함께 있었던 이야기를 써보세요.

_____
_____

② 별이 성장하기 위해서는 수소 기체가 끊임없이 부딪히며 에너지를 만들어내는 수소 핵융합 반응이 꼭 필요해요. 여러분은 요즘 학교, 학원 등에서 여러분의 성장을 위해서 어떤 것에 집중하고 있나요? 꼭 공부가 아니더라도 여러분이 요즘 좋아하고 즐기는 것이 있다면 소개해 주세요.

_____
_____

③ 별은 죽음에 이르기 직전까지 수소 핵융합 등으로 만든 에너지를 태우며 스스로 멋지게 빛나요. 여러분은 어른이 되면 어떤 일을 하며 멋지게 빛나는 인생을 살고 싶나요? 여러분의 꿈을 소개해 주세요.

_____
_____
_____

26 일차

나사에 가려면 강점이 필요하다고?

글쓰기한 날짜
◯ 월 ◯ 일 (◯ 요일)

글쓰기 종류 생각 글쓰기

#나사   #NASA
#강점   #메리잭슨

오늘의 글쓰기 상황

요미, 지미, 토미는 학교에서 우주 탐사에 대한 이야기를 듣게 되었어요. 우주 탐사센터 중 대표적인 곳이 미 항공우주국, 우리가 한 번쯤 들어봤던 나사(NASA)라는 곳이에요. 요즘의 나사는 세계 여러 나라에서 온 사람들이 모여서 우주 탐사를 위해 애쓰고 노력하죠. 하지만 과거에는 그렇지 않았다고 해요. 흑인이 차별받던 1950년대 미국의 나사에서는 무슨 일이 있었는지 시간여행을 떠나 볼까요?

 시미쌤의 **과학 이야기**

여러분, 혹시 가족끼리 여행 가서 밤하늘을 가만히 쳐다본 적이 있나요? 밤하늘의 별을 바라보면 어떤 생각이 들었나요? 저는 드넓은 우주에 또 다른 생명체가 살 수 있는지 궁금했어요. 그 외에도 여러 궁금증이 떠오를 것이라고 생각해요. 궁금한 것이 생기면 더 알아가고 싶어지죠. 마치 여러분이 새로운 친구를 만났을 때 친구가 무엇을 좋아하는지, 나와는 어떤 공통점이 있는지 알고 싶은 것과 비슷해요. 그렇다면 우주에 대한 궁금증을 해결하고 싶은 사람들이 모인 곳은 어디일까요? 바로 미 항공우주국이라고 불리는 나사(NASA)예요. 이곳에서는 한국인을 포함한 여러 인종의 사람들이 모여서 지구와 우주의 비밀을 함께 풀어나가는 곳이에요.

그런데 우주의 비밀을 풀어나가는 나사(NASA)의 연구원이라면 꼭 필요한 네 가지 강점이 있다고 해요. 이 강점은 나사가 함께 일할 팀원을 뽑을 때도 아주 중요하게 본다고 해요. 첫 번째는 호기심이에요. 아직 알려지지 않은 것이 더 많은 우주에 대해서 적극적으로 알아가고자 하는 마음이 있어야 나사와 함께 일할 수 있겠죠? 두 번째는 배우는 마음이랍니다. 나사가 우주로 발사체를 쏘아 올리는 일은 한두 명으로는 절대 불가능해요. 그러니까 반드시 다른 동료의 도움을 받아야 해요. 내 옆의 동료가 잘하는 것이 있다면 그것을 배우려는 마음으로 노력하고 함께 목표를 달성해야겠죠. 세 번째는 끈기예요. 끈기가 없다면 짧게는 5년, 길게는 몇십 년 이상 걸리는 우주 탐사 미션을 끝까지 해낼 수 없을 거예요. 마지막으로 유연한 사고방식이에요. 특히 우주 탐사 미션은 상황이 급격하게 바뀔 때가 많아요. 예를 들면 며칠 전까지 로켓에 전혀 문제가 없었는데 발사 당일에 원인을 알 수 없이 시험 발사가 실패하는 경우도 있겠죠. 이때 유연한 사고방식이 있는 사람은 실패를 탓하기보다 왜 실패했는지, 어떻게 하면 다음번에는 성공할 수 있을지 그 방법을 찾아 본답니다.

오늘은 여러분에게 나사가 강조하는 네 가지 강점을 모두 가진 멋진 여성을 소개하려고 해요. 바로 나사 최초의 흑인 여성 엔지니어인 메리 잭슨이랍니다. 지금은 상상할 수도 없지만 그 당시 나사에서는 흑인에게 중요한 일을 맡기지 않았고, 백인들의 일손을 덜어주는 단순한 일만 하도록 했지요. 메리 잭슨은 직접 ==우주 발사체==를 만들어서 우주로 보내고 싶다는 꿈이 있었어요. 그러나 메리 잭슨이 처한 현실은 너무나 혹독했지요. 메리 잭슨은 흑인이었기 때문에 대학에 갈 수 없었답니다. 그 당시 일부 미국 지역은 흑인이 대학교를 진학하지 못하도록 법으로 정했기 때문이에요.

메리는 나사의 계산원이었지만 동료 엔지니어에게 물으며 우주 발사체에 대해서 배우려고 노력했답니다. 그리고 재판 끝에 결국 버지니아주 최초의 흑인 대학생이 되었지요. 또한 직장과 대학을 병행하며 열심히 공부한 결과, 메리가 개발에 참여한 발사체가 우주로 가게 되었어요. 또한 메리는 한 번의 발사체 성공에 만족하지 않고 더욱 끊임없이 노력했어요. 그래서 무려 60년간 나사의 핵심 엔지니어로 일했답니다. 메리의 노력과 공로를 기리며 최근에 나사 본부의 이름이 '메리 W. 잭슨 헤드쿼터'로 바뀌었답니다. 나사의 모든 직원이 메리 잭슨처럼 힘들고 어려운 상황일지라도 자신의 꿈을 포기하지 않기를 바라고, 함께 일하는 동료의 강점을 발견하며 서로가 꿈을 이룰 수 있도록 도와주기를 바라는 마음이 느껴져요.

메리 잭슨이 가지고 있는 네 가지 강점을 여러분도 가지고 있다고 생각해요. 꼭 우주와 관련되지 않아도 여러분이 호기심을 가지고 있는 것은 무엇인가요? 여러분이 열심히 배우려고 하는 것은 무엇인가요? 여러분이 열정과 사랑을 가지고 빠져 있는 것은

무엇인지요? 또한 여러분이 어려움을 겪었을 때 포기하지 않고 다시 도전했던 경험이 있나요? 다음 이어지는 글쓰기에서 여러분의 강점을 발견하고 이것을 직접 써보는 시간을 가져볼 거예요. 어렵게 생각하지 마세요. 저는 여러분이 네 가지 강점을 가지고 있다고 굳게 믿고 있답니다.

글쓰기에 힘이 되는 배경 지식 알아보기

'지란지교'라는 사자성어를 들어본 적이 있나요? 친구 사이의 관계가 지초와 난초와 같이 서로 향기롭고 잘 어울린다는 뜻이에요. 힘듦과 어려움을 함께하는 친구가 있을 때 어려운 위기도 쉽게 넘어가게 되죠. 메리 잭슨의 곁에도 '지란지교'와 같은 좋은 친구들이 있었어요. 메리 잭슨과 캐서린 존슨은 함께 출퇴근을 같이하며 서로의 어려움을 들어주고 위로해 주는 좋은 친구 관계였지요.

캐서린 존슨은 어릴 적부터 뛰어난 수학 실력으로 소문이 자자했는데요. 나사에서도 캐서린의 수학 실력을 모르는 사람이 없었지요. 하지만 단지 흑인이라는 이유로 무시하며 정규직 자리도 주지 않았어요. 그런데 나사에서 새로운 로켓 발사 프로젝트를 시작하게 되면서 도형을 잘 다루고, 계산을 해낼 수 있는 능력자가 필요해졌죠. 특히 로켓 발사 프로젝트에서는 발사 지역, 도착 지역, 이동 거리 등을 모두 수학적으로 정확하게 계산해야 하므로 로켓 발사에서 수학이 정말 중요하답니다. 캐서린 존슨만큼 이 일을 잘 할 수 있는 사람이 없었어요. 심지어 캐서린 존슨은 슈퍼 컴퓨터의 계산 실수까지 찾아내는 놀라운 눈썰미를 보이기도 했어요. 이후 로켓 발사 프로젝트에서 캐서린 존슨은 자신의 수학 실력을 멋지게 발휘하며 나사의 우주 탐사를 적극적으로 지원했지요.

물론, 메리 잭슨 곁에 캐서린 존슨만 있던 것은 아니었어요. 도로시 본이라는 천재 컴퓨터 프로그래머도 있었고, 따뜻한 가족과 친구들도 많았지요. 여러분도 학교나 학원에서 만나는 친구들의 강점을 한번 잘 찾아보세요. 어떤 친구가 나랑 잘 어울릴 수 있을지 그건 아무도 모른답니다. 누구에게나 강점은 있어요!

오늘의 과학 글쓰기

글쓰기를 준비해요!

나사(NASA) 워싱턴 본부의 상징이 된 멋진 여성, 메리 잭슨! 그녀가 가진 네 가지의 강점은 나사에서 일하는 사람들뿐만 아니라 과학 글쓰기에 빠져들고 있는 여러분에게도 찾을 수 있다고 생각해요. 네 가지 강점이 무엇인지 글을 꼼꼼히 읽으며 빈칸에 알맞은 단어를 적어볼게요.

보기

끈기, 배우는 마음, 유연한 사고방식, 호기심

(　　　　): 내가 좋아하는 분야에 대해 적극적으로 알아가고자 하는 마음.

(　　　　): 배울 점이 있는 친구를 질투하기보다 나도 그것을 배우려고 노력하고 같이 성장하려는 마음.

(　　　　): 오랜 시간 꾸준히 노력하는 마음.

(　　　　): 용기를 가지고 도전한 것이 혹시라도 실패하더라도, 나 자신과 남을 탓하기보다 왜 실패했는지, 어떻게 하면 다음에 성공할 수 있을지 방법을 찾아보는 행동.

나에 대해 생각해보는 글쓰기에 대해 알아볼까요?

오늘은 우주 탐사를 이끄는 기관인 나사에 대해서 알아봤어요. 여러분도 인터넷이나 책에서 나사라는 곳에 대해 한 번쯤은 들어봤지만 이렇게 멋진 사람들이 일하고 있는지는 잘 몰랐지요? 여러분은 꼭 우주가 아니더라도 좋아하는 것이 분명히 있지요! 그리고 여러분의 장점도 많다고 생각해요. 오늘은 나의 일상 생활을 떠올리며 내가 좋아하는 것과 잘하는 것에 대해서 생각해보고 써볼 거예요. 대단한 것을 써야 한다는 스트레스는 받지 마세요!
오늘의 목표는 여러분에 대해 솔직하게 알려 주는 글쓰기를 해보는 것이에요.

답: 호기심 / 배우는 마음 / 끈기 / 유연한 사고방식

| 함께 써볼까요? | **나에 대해 생각해보는 글쓰기**

글을 쓰면서 잊지 말아야 할 중요한 점을 알려 줄게요. 여러분의 글에 다음의 내용이 포함되었는지 체크 표시를 해보세요.

- [ ] 내가 좋아하는 분야는 무엇인지 사소한 것이라도 괜찮으니 자신감 있게 적어요.
- [ ] 내 친구들의 장점이 무엇인지 떠올려보고 설명해요.
- [ ] 도전했지만 아쉽게 실패한 경험이 있다면 용기내서 적어보세요.

① 내가 좋아하는 **분야**는 무엇인가요? 그 분야를 적극적으로 알아가려고 했던 경험이 있다면 적어보세요.

_____
_____
_____

② 내 주변 친구의 **장점**을 배우려고 노력한 적이 있나요? 그런 경험이 있다면 적어보세요.

_____
_____
_____

③ 용기를 가지고 도전했지만 아쉽게 **실패**했던 경험이 있다면 실패 이후에 어떻게 행동했는지 나의 경험을 떠올리며 적어보세요.

_____
_____
_____
_____

5장 우주

6장

기술

#로봇윤리   #유전정보

#인공지능

난이도 ★★★★

천천히 읽고 스스로 생각을 정리해요

교과서 찾아보기

5학년 과학 물체의 운동

6학년 과학 전기의 이용, 우리 몸의 구조와 기능

과학과 기술은 떼려야 뗄 수 없지요. 우리가 자주 사용하는 스마트폰, 게임기뿐만 아니라 기름을 넣지 않고도 달릴 수 있는 전기 자동차도 기술의 발달로 나타난 것이에요. 하지만 모든 기술이 장점만 있는 것은 아니에요. 빛이 있으면 어둠이 있는 것처럼 기술의 뒷면에 가려진 단점도 살펴볼 거예요. 이번 장에서는 시미쌤과 기술의 발달로 나타난 긍정적인 면과 부정적인 면을 살펴볼게요. 그리고 나서 여러분은 긍정적인 면과 부정적인 면 중 어떤 면을 좋아하는지 직접 글로 멋지게 정리해볼 거예요. 준비됐나요?

27일차

사람을 닮은 로봇이 있다고?

글쓰기한 날짜

 월 일 (요일)

글쓰기 종류 찬반 글쓰기

#휴머노이드 #로봇윤리

오늘의 글쓰기 상황

지미, 요미, 토미는 요즘 로봇에 관해 관심이 생겼어요. 로봇이 사람들을 편하게 살 수 있도록 참 많이 도와준다고 해요. 하지만 한편으로는 로봇이 우리 삶 곳곳에 스며든다는 것이 겁이 나기도 해요. 왜냐하면 사람과 로봇을 구분하기 어려운 시대가 곧 다가온다고 하기 때문이죠. 여러분은 옆에 있는 사람이 로봇인지 사람인지 구분하지 못한다면 기분이 어떨 것 같아요? 오늘은 '사람을 닮은 로봇을 개발하는 것에 찬성하는지, 반대하는지?'에 대한 여러분의 생각을 들어보려고 해요.

시미쌤의 과학 이야기

여러분은 로봇을 실제로 본 적이 있나요? 예전과 달리 요즘은 여기저기 로봇이 많이 보이는 것 같아요. 음식점에 가면 사람을 대신해서 음식을 나르는 로봇도 있고, 커피를 만들어 주는 로봇도 있어요. 사람보다 더욱 정교하게 수술할 수 있는 수술용 로봇도 있어요. 이처럼 우리 생활 속에 로봇이 꽤 많이 들어와 있어요. 여러분이 방금까지 떠올린 로봇의 생김새는 어떤가요? 동그란 모양일 수도 있고, 로봇 팔만 덩그러니 있을 수도 있지요. 혹은 사람처럼 두 팔과 두 다리를 가진 것으로 상상할 수도 있어요. 오늘은 다양한 생김새를 지닌 로봇 중에서 사람을 닮은 로봇인 휴머노이드에 대해 알아보려고 해요.

과거에는 사람과 비슷한 휴머노이드 로봇이 그다지 필요하지 않다고 생각했어요. 로봇이 사람처럼 걷고 뛰게 하려면 상당히 많은 기술력이 필요하고, 비용도 무척 많이 들기 때문이죠. 게다가 모터와 바퀴를 달고 있는 로봇들이 충분히 기능을 하고 있었서 굳이 로봇을 사람과 비슷하게 만들어야 하냐는 의견도 많았어요.

사람을 닮은 휴머노이드 로봇 개발에 집중하게 된 계기가 있어요. 바로 2011년도 일본에서 발생한 후쿠시마 원자력 발전소 폭발 사건 때문이지요. 원자력 발전소 폭발이 일어나면 방사능이 빠르게 도시 전체를 뒤덮었어요. 방사능은 사람에게 아주 치명적인 영향을 주기 때문에 사람이 직접 방사능 폭발 사고 현장에 갈 수 없었어요. 하지만 인간을 닮은 휴머노이드 로봇이 사고 현장에 투입되면 어떨까요? 방사능에 대한 걱정

없이 사고 지역을 효과적으로 수색하고, 사람을 구조해낼 수 있겠지요. 원자력 발전소 사고뿐만 아니라 지진, 화산 등 인간이 쉽게 접근하기 어려운 재난 지역에서 사람을 구출하기 위해 휴머노이드 로봇을 적극 활용하자는 의견이 많아지고 있어요.

사람이 살던 곳에 가장 잘 어울리는 로봇이 사람을 닮은 로봇이라는 점과 원자력 발전소 사고나 홍수, 지진, 화산 등 자연재해에서 사람을 가장 잘 구해내는 로봇이 휴머노이드 로봇이니까 모든 로봇을 사람과 비슷하게 만들면 가장 좋을까요? 꼭 그렇지는 않아요. 우선 사람을 닮았다는 말이 사람마다 의미하는 바가 다를 수 있겠죠. 실제로 로봇이 사람을 어설프게 닮으면 닮을수록 보는 사람이 불쾌감을 느낀다는 연구 결과도 있어요. 사람이 사용하는 로봇을 볼 때 불쾌감을 느낀다면 과연 편안하게 로봇을 쓸 수 있을까요? 아무리 사람에게 도움이 되는 기능이 많다고 하더라도 로봇의 외모가 편안하지 않다면 로봇을 제대로 쓰기 어렵겠지요.

게다가 우리 얼굴과 똑같은 얼굴을 가진 로봇이 생긴다고 상상해보세요. 로봇의 외모가 불쾌하게 느껴지지는 않겠죠. 하지만 로봇의 얼굴은 어떤 사람과 닮았을까요? 실제로 러시아에서 인간을 닮은 로봇을 개발하는 회사에서는 로봇에게 자신의 목소

리와 얼굴을 영원히 파는 대가로 2억 원의 비용을 지급한다고 해요. 놀랍게도 이 제안에 꽤 많은 사람이 지원했다고 해요. 러시아의 회사에서는 가상의 사람 얼굴을 만드는 것이 아니라 실제 사람 얼굴을 빌려 오는 이유로, '로봇과 사람이 서로 구분 없이 어울려 살면 좋겠다'고 했어요. 하지만 로봇에게 얼굴을 판 사람은 개인의 고유한 얼굴이 사라져 버리고, 전 세계에 내 얼굴이 수천 개 이상 돌아다닐 수도 있어요. 길을 걷다가 나와 똑같은 로봇을 만나게 되면 저는 조금 무서울 것 같아요. 여러분은 사람과 구분이 어려울 정도로 똑같은 로봇을 개발하는 것에 찬성하나요, 반대하나요? 여러분의 생각이 궁금해요.

글쓰기에 힘이 되는 배경 지식 알아보기

삶이 더욱 편리해지면서 로봇도 우리 삶에 많은 영향을 미치고 있어요. 앞서 과학 이야기에서 본 것처럼 로봇이 긍정적인 영향뿐만 아니라 부정적인 영향을 미칠 수도 있어요. 특히 로봇이 우리 삶에 구체적으로 어떤 영향을 미칠 것이고, 로봇 개발은 어떠한 방향으로 나아가야 할지에 대해 연구하는 학문이 있어 소개하려고 해요. 바로 '로봇 윤리학'이라는 학문이에요. 이 학문 분야에 대해 자세히 알아보기 전에 '윤리'는 무슨 뜻인지 알아볼까요?

윤리는 인간 삶의 전체에 걸쳐서 어떤 행동을 하는 것이 적절한지에 대해 탐구하는 학문이에요. 그렇다면 로봇 윤리학이라는 것은 인간 삶에 로봇이 들어왔을 때, 로봇이 하는 행동이 인간에게 긍정적 혹은 부정적인 영향을 미치는지에 대해 탐구하는 학문이겠죠. 앞으로 로봇이 우리 삶에 더 많이 들어옴에 따라 로봇 윤리학은 더욱 성장할 것으로 보여요. 예를 들면 '로봇의 숫자가 많아짐에 따라 사람들이 직업을 잃게 되는 것이 타당한가?', '로봇과 인간의 관계는 무엇인가?' 등에 대해서 논의해요. 게다가 로봇 윤리학이 정말 필요한 이유는 로봇에 의해 인간이 손해를 입었을 때 기계 고장인지, 로봇이 고의로 인간에게 손해를 끼치기 위함인지 판단하는 중요한 근거를 제공하기 때문이지요.

글쓰기를 준비해요!

찬반 글쓰기를 잘 쓰기 위해서는 내 생각을 뒷받침해줄 수 있는 문장을 잘 사용할 수 있어야 한답니다. 다음 문장을 보고 사람을 닮은 로봇을 만드는 것에 **찬성**하는 입장인지, **반대**하는 입장인지 골라봅시다.

① 원자력 발전소 폭발 사건 현장에는 사람이 직접 가는 것이 불가능하기 때문에 사고 현장에서 다친 사람을 구하기 위해서는 사람을 닮은 휴머노이드 로봇이 필요하다. (찬성 / 반대)

② 화산 폭발로 인해 도시가 화산재로 뒤덮인 상황에서 집 안에 피신한 사람을 구하기 위해서는 사람과 체격이 비슷한 휴머노이드 로봇을 보내는 것이 유리하다. (찬성 / 반대)

③ 사람을 닮은 로봇을 만들 때 사람과 어설프게 닮으면 불쾌감을 줄 수 있기 때문에 굳이 사람을 닮은 로봇을 만들 필요는 없다. (찬성 / 반대)

④ 사람이 로봇에게 편안함을 느끼기 위해서 사람과 완벽하게 똑같은 로봇을 개발했다고 생각해 본다면 그 로봇의 얼굴과 목소리는 다른 사람의 것을 빌려야 한다. 로봇에게 자신의 얼굴과 목소리를 빼앗긴 사람은 사는 데 매우 불편할 것 같다. (찬성 / 반대)

찬반 글쓰기에 대해 알아볼까요?

오늘은 휴머노이드 로봇에 대해서 시미쌤과 함께 알아봤어요. 사람을 닮은 로봇이 장점도 있지만, 마냥 장점만 있던 것도 아니었네요. 여러분은 사람을 닮은 로봇을 개발하는 것에 대해서 어떻게 생각하나요?
==찬반 글쓰기의 핵심은 여러분의 입장을 명확하게 정하는 것이에요.== 여러분의 입장을 뒷받침하는 이유를 찾는 것이 그 다음이에요. 찬성과 반대 입장을 정하지 않고 이유를 찾는 것은 불가능해요. 과학 이야기를 다시 읽어보며 내 입장을 뒷받침하는 부분에 밑줄을 쳐보는 것도 좋아요.

함께 써볼까요? 사람을 닮은 로봇 개발에 대한 찬반 글쓰기

기술이 발달하면서 사람들이 로봇을 더욱 많이 사용한다는 것을 알게 되었어요. 그리고 기존의 로봇과 달리 사람을 닮은 로봇이 점점 더 필요해진다는 것도 배웠어요. 하지만 사람을 닮은 로봇이 무조건 좋은 것은 아니었어요. 사람들에게 불편함을 주기도 하고, 로봇을 만들기 위해 다른 사람의 고유한 얼굴과 목소리를 가져와야 한다고 해요. 여러분은 사람을 닮은 로봇을 개발하는 것에 찬성하나요, 반대하나요? 어떻게 생각하는지 찬성과 반대 중 한 가지의 입장을 골라서 글을 써보세요.

① 내 생각을 한 문장으로 정리해보세요.

TIP! 우선 내 생각을 간단하게 한 문장으로 정리하는 것이 찬반 글쓰기의 시작이에요.

> 나는 사람을 닮은 로봇을 개발하는 것에 (찬성한다/반대한다)

② 왜 그렇게 생각하는지 이유를 적어보세요.

STEP 1 '글쓰기를 준비해요!'와 '시미쌤의 과학 이야기'를 바탕으로 이유를 찾아보세요.

STEP 2 이유를 쓸 때는 '왜냐하면'이라는 말로 시작하면 좋아요.

TIP! 둘 중에 한 가지 입장을 정하는 것이 어렵겠지만, 그래도 내 생각과 비슷한 생각을 골라서 다른 사람을 설득한다고 생각하면 좀 더 쉬워요.

28일차 유전을 막을 수가 있다고?

글쓰기한 날짜
　월　　일（　요일）

글쓰기 종류 찬반 글쓰기

#유전정보　　#유전자가위기술

오늘의 글쓰기 상황

지미, 요미, 토미는 오늘 과학 시간에 놀라운 기술을 듣게 되었어요! 바로 엄마와 아빠를 닮은 나의 특징이 바뀔 수도 있다는 것인데요. 오랫동안 많은 사람은 엄마와 아빠를 닮은 나의 특징들은 전혀 바뀔 수 없다고 생각했었어요. 지미의 엄마를 닮은 곱슬머리도, 요미의 아빠를 닮은 쌍꺼풀도요. 그렇다면 오늘 학교에서 배운 놀라운 이 기술을 무조건 반겨야 할까요? 이 기술이 가지는 아쉬운 점은 없을까요? 이 기술에 대해 좀 더 자세히 알아보고 여러분의 생각은 어떤지 정리해보세요.

여러분은 혹시 노란 바나나 좋아하나요? 시미쌤은 아침으로 달콤하고 노란 바나나를 먹는 것을 무척 좋아하는데요. 바나나는 다른 과일과 달리 부드러워서 더 좋아해요. 원래 야생 바나나는 열매 속에 크고 딱딱한 씨를 한가득 품고 있어서 먹기가 무척 어려웠다고 해요. 과학자들이 우연히 씨 없는 야생 바나나를 발견하게 되었고, 돌연변이 바나나가 가지고 있는 특징을 연구해서 야생 바나나의 씨앗을 없앨 수 있는 기술을 개발했어요. 더운 여름에 쩍 하고 가르면 빨갛고 시원한 과즙이 가득한 수박도 비슷하답니다. 원래 야생 수박은 우리가 자주 볼 수 있는 수박과 달리 빨간 과육이 별로 없었다고 해요. 하지만 과학자들이 야생 수박의 빨간 과육을 늘릴 수 있는 기술을 개발한 덕분에 우리가 더운 여름에 시원한 수박을 즐길 수 있게 된 것이지요.

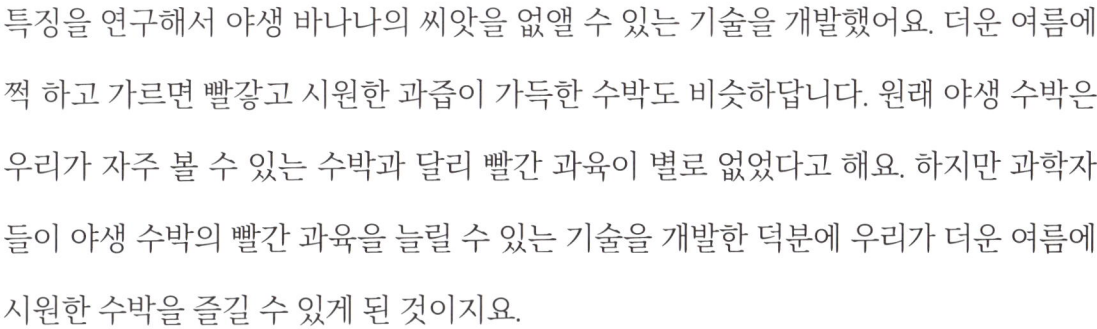

우리는 이렇게 동물이나 식물이 가지고 있는 원래의 특징을 수정해서 좀 더 맛있고, 건강하고, 가치 있는 상품을 만드는 기술을 지금도 널리 사용하고 있어요. 또한 과학자들은 사람이나 동물이나 식물과 같은 여러 생물이 태어날 때부터 가지고 있는 특징을 유전 정보라고 불러요. 사람이 가지고 있는 유전 정보의 종류는 무척 많아요. 예를 들면 곱슬 머리인지 생머리인지, 쌍꺼풀이 있는지 없는지도 유전 정보에 담겨 있어요. 특히 사람의 유전 정보는 하늘에서 떡 하니 떨어진 것이 아니라 우리를 낳아주신 엄마, 아빠의 유전 정보를 그대로 물려받아요. 여러분도 곰곰이 생각해보면 아빠와 눈썹이 닮았기도 하고, 엄마의 생머리를 닮았기도 하죠.

앞서 말했던 수박, 바나나와 같은 식물과 달리 사람들이 가지고 있는 유전 정보의 수와 종류는 매우 복잡하고 다양해요. 무려 지난 40여 년 동안 사람의 유전 정보를 알아내기 위해 과학자들이 노력했어요. 지금은 사람의 유전 정보를 거의 다 해독했어요.

오랜 기간 진행된 연구 덕분에 치매, 에이즈와 같은 불치병을 일으키는 유전 정보가 어디에 있는지도 알게 되었죠. 그리고 인간의 유전 정보를 분석하는 비용도 점점 저렴해졌어요. 예전에는 축구선수 메시의 몸값만큼 비쌌지만 요즘은 좋은 질의 티셔츠 한 벌을 살 수 있을 정도로 가격이 떨어졌어요.

그런데 여러분, 아는 만큼 보인다는 말 들어본 적 있지요? 과학자들이 인간의 유전 정보에 대해서 좀 더 알게 될수록 고치고 싶은 것도 더 많이 보이게 되었어요. 예전에는 몰라서 못 고치고, 알아도 방법을 모르기에 손을 댈 수 없던 것들 말이지요. 예를 들면 '암을 일으키는 유전 정보를 알게 되었으니 이것을 제거하면 사람들에게 도움이 될 수 있지 않을까?'라는 생각이 들 수 있죠. 암뿐만 아니라 에이즈, 치매, 온몸의 근육이 굳어가는 루게릭병 등이 있어요. 간절히 바라면 이루어진다고 하죠. 바나나 수박처럼 사람들의 유전 정보를 수정할 수 있는 기술이 등장했어요. 우리가 평상시에 불필요한 것들을 잘라낼 때 사용하는 가위의 의미를 담은 유전자 가위 기술이 등장했어요.

유전자 가위 기술은 사람의 유전 정보 중 불필요하다고 여겨지는 부분을 자를 수 있는 기술이에요. 이러한 유전자 가위 기술을 통해서 많은 사람에게 고통을 주는 불치병을 치료할 수 있는 길이 열렸어요. 실제로 중국에서 유전자 가위 기술을 통해 에이즈 유전자를 제거한 아이가 성공적으로 태어났다고 해요. 그렇다면 이제 인류는 좀 더 건강하게 사는 일만 남았을까요? 하지만 유전자 가위 기술을 마냥 좋다고만 할 순 없어요. 에이즈 유전자가 잘린 아이가 에이즈는 걸리지 않을 수 있지만 예상치 못한 돌연변이가 생겼다고 해요. 이렇게 발생한 돌연변이가 아이의 미래에 어떤 영향을 줄지 아무도 모르는 것이죠. 또한 인간이 소중한 생명을 마음대로 조작하는 것이 과연 좋은 것일까요? 인간의 생명은 매우 소중한 것인데 다른 사람의 눈으로 불필요하다고 여겨지는 것을 마음대로 없애버린다는 것이 과연 항상 옳은 일이라고 말하기도 어려워요. 여러분은 유전자 가위 기술에 대해서 어떻게 생각하나요? 여러분의 생각을 정리해보세요.

 글쓰기에 힘이 되는 **배경 지식 알아보기**

유전자 가위 기술은 2020년도 노벨 화학상을 받았어요. 스웨덴의 에마뉴엘 샤르팡티에 교수와 미국의 제니퍼 다우드나 교수가 정교화된 유전자 가위 기술을 개발했기 때문이에요. 우리는 두 교수님께서 발명한 유전자 가위 기술을 크리스퍼 유전자 가위 기술이라고 불러요. 두 사람이 개발한 기술은 특히 기존에 개발된 많은 유전자 가위 기술보다 좀 더 정교하게 자르고 싶은 유전자를 확실하게 잘라주는 특징이 있어요. 크리스퍼 유전자 가위 기술의 정확도는 매우 높아서 거의 실수가 없다고 해요. 또 많은 교육을 받지 않아도 일정 수준의 과학 지식만 있다면 간단하게 유전자 가위 기술을 시도해 볼 수 있다고 해요. 노벨상 위원회는 두 교수의 발명을 '매우 혁명적인 기술'이라고 높이 칭찬했어요.

오늘의 과학 글쓰기

글쓰기를 준비해요!

찬반 글쓰기를 잘 쓰기 위해서는 내 생각을 뒷받침해 줄 수 있는 문장을 잘 사용할 수 있어야 해요. 다음 문장을 보고 '사람에게 직접 유전자 가위 기술을 사용해도 되는가?'에 대해 찬성을 뒷받침하는지, 반대를 뒷받침하는지 ○ 표시해 보세요.

① 야생 바나나와 수박의 유전 정보를 수정한 덕분에 우리는 더욱 맛있게 바나나와 수박을 즐길 수 있게 되었다. 그래서 사람에게도 직접 유전자 가위 기술을 쓰면 분명히 도움이 될 것이다. (찬성 / 반대)

② 지난 40여 년 동안 사람의 유전 정보에 대해서 많이 알게 되었다. 그래서 쉽게 낫지 못한다고 알려진 불치병에 대한 유전 정보도 알게 되었고, 불치병을 일으키는 유전 정보는 없애는 것이 좋으므로 유전자 가위 기술을 써야 한다. (찬성 / 반대)

③ 에이즈를 일으키는 유전 정보를 잘라낸 아이가 태어났다. 하지만 과학자들의 예상과 달리 아이에게 돌연변이가 발견되었다. 과연 유전자 가위 기술을 쓰는 것이 정말 안전할까? (찬성 / 반대)

④ 아이를 낳기 전에 아이에게 좋지 않을 영향을 주는 유전자를 모두 제거하는 것은 과연 아이의 생명을 소중하게 여기는 행동일까? 유전자 가위 기술을 어디까지 사용해야 할지 생각해 봐야 한다. (찬성 / 반대)

찬반 글쓰기에 대해 알아볼까요?

오늘은 유전자 가위 기술에 대해서 시미쌤과 함께 알아봤어요. 유전자 가위 기술은 잘 쓰면 정말 좋은 기술이지만 나쁜 마음으로 제대로 쓰지 않으면 부작용이 생길 수도 있는 기술이에요. 여러분은 사람에게 직접 유전자 가위 기술을 사용하는 것에 대해서 어떻게 생각하나요? 우선 여러분의 입장을 정하는 것이 중요해요. 그리고 여러분의 입장을 뒷받침하는 이유를 찾는 것이 필요해요.

시미쌤이 준비한 '글쓰기를 준비해요!'를 잘 활용해볼 수도 있고, 인터넷에 '유전자 가위 기술'을 검색해서 여러분이 직접 자료를 찾아봐도 좋아요.

| 함께 써볼까요? | 유전자 가위 기술 사용에 대한 찬반 글쓰기 |

여러분은 유전자 가위 기술에 대해서 어떻게 생각하나요? 우리 모두 함께 '사람에게 직접 유전자 가위 기술을 사용해도 되는가?'에 대해서 찬성과 반대 중 한 가지의 입장을 골라서 글을 써보세요.

① 내 생각 한 문장으로 정리해보세요.

TIP! 우선 내 생각을 간단하게 한 문장으로 정리하는 것이 찬반 글쓰기의 시작이에요.

> 나는 사람에게 직접 유전자 가위 기술을 사용하는 것에 (찬성한다/반대한다)

② 왜 그렇게 생각하는지 이유를 적어보세요.

STEP 1 '글쓰기를 준비해요!'와 '시미쌤의 과학 이야기'를 바탕으로 이유를 찾아보세요.

STEP 2 이유를 쓸 때는 '왜냐하면'이라는 말로 시작하면 좋아요. 만약 어떤 얘기를 해야 할지 막막하다면 '글쓰기를 준비해요!'를 참고하세요.

STEP 3 찬성과 반대 중 하나의 입장만을 선택하는 것이 쉽지 않을 수 있지만 그래도 여러분의 한쪽을 선택하는 연습을 해보세요.

29일차 인공지능이 그림을 그릴 수 있다고?

글쓰기한 날짜
◯ 월 ◯ 일 (◯ 요일)

글쓰기 종류 찬반 글쓰기

#인공지능   #데이터
#학습   #저작권

오늘의 글쓰기 상황

토미가 좋아하는 웹툰 작가가 SNS에 경고문을 올렸어요! 인공지능이 무단으로 작가의 그림을 도용했다고 해요. 그런데 인공지능 개발 경쟁이 치열해지다 보니 인공지능의 학습에 사용되는 데이터에는 저작권자의 동의를 반드시 받지 않아도 된다는 규정을 알게 되었어요!

시미쌤의 과학 이야기

불과 몇 년 사이에 인공지능이 우리 삶에 많이 들어왔죠? 인공지능 스피커에게 아침 날씨를 묻기도 하고, 날씨에 맞는 노래를 선곡해 달라고 할 수도 있어요. 요즘은 인공지능 챗봇에게 궁금한 것을 물으면 마치 척척박사님이 컴퓨터 안에 있는 것처럼 멋진 대답을 들을 수 있지요. 게다가 그림 실력이 뛰어나지 않아도 인공지능으로 마치 화가가 그린 것처럼 멋진 그림을 그릴 수도 있어요. 노래를 잘 부르지 못해도 인공지능을 활용해서 가수인 것처럼 녹음할 수도 있고, 작곡 실력이 전혀 없어도 멋진 음악을 만들어 낼 수 있어요. 인공지능이 마법 지팡이처럼 정말 많은 일을 가능하게 해요. 하지만 인공지능이 인간의 한계를 넘어 다양한 일을 가능하게끔 하는 것이 마냥 좋아 보이지는 않다는 의견도 있어요. 인공지능이 만든 그림, 노래 등 창작물의 주인이 누구인지 명확하게 정하기 어렵다는 문제가 있어요. 인공지능이 만들었으니 인공지능의 것인가요? 혹은 인공지능을 작동시킨 그 사람의 것인가요?

창작물을 만든 사람이 누구인지 정하는 문제는 꽤 중요해요. 바로 저작권 문제와 연결되어 있기 때문이에요. '저작권'이란 소설, 시, 논문, 강연, 대본, 음악, 연극, 미술, 건축, 사진, 영상 등 사람이 직접 창작한 창작물에 대해서 권리를 가지는 것을 의미해요. 창작한 사람이 아닌 다른 사람이 마음대로 창작물을 사용하면 범죄가 돼요. 예를 들면 여러분이 웹툰을 보다가 마음에 드는 장면이 있어서 핸드폰으로 캡처를 하고 캡처한 사진을 SNS에 올리면 웹툰 작가의 저작권을 침해한 것이에요. 요약하면 사람이 창작한 창작물을 사람이 무단으로 사용하면 저작권 침해가 돼요.

하지만 사람이 만든 창작물과 똑같은 방식으로 인공지능이 만든 창작물에도 저작권을 인정해야 할 것인지에 대해서 여러 의견이 많아요. 인공지능은 사람이 아니므로 인공지능으로만 만든 창작물에는 저작권이 없어요. 하지만 인공지능이 멋진 작품을 만들기 위해서 꼭 필요한 과정을 살펴볼 필요가 있어요. 인공지능이 개발되면 그 즉시 멋진 그림이나 노래를 만들 수 있는 것이 아니에요. 이미 그려진 수많은 작품을 보고 멋진 그림이 무엇인지 학습하는 과정이 필요해요. 노래도 마찬가지예요. 이미 작곡된 많은 노래를 토대로 사람들이 듣기 좋아하는 노래가 무엇인지 학습해야 해요. 그러니까 충분히 학습된 인공지능만이 제대로 된 그림, 노래와 같은 창작물을 만들 수 있어요.

그런데 인공지능이 학습하기 위해서 사용한 노래, 그림 등을 마음대로 사용한다는 문제가 있어요. 멋진 그림을 그리는 인공지능을 만들기 위해서 사람이 만든 수많은 그림을 작가의 허락도 받지 않고 사용하는 사례가 많다는 것이죠. 실제로 요즘에 웹툰을 만들어주는 인공지능도 있는데, 여러 웹툰 작가의 그림을 마음대로 가져와서 웹툰을 그려준 사례도 있어요. 앞으로 더 많은 사람이 인공지능을 이용하게 될 거예요. 사람들은 이미 만들어진 인공지능이 얼마나 좋은 기능을 가졌는지에 관심이 많지만, 인공지능이 그 기능을 제대로 수행하는 데 필요한 수많은 사진, 영상에 대해서는 미처 생각하지 못하고 있지요. 여러분은 인공지능의 기능이 제대로 수행되기 위해서 꼭 필요한 사진과 영상 등을 허락 없이 사용하는 것에 대해서 어떻게 생각하나요? 인공지능으로 만든 영상, 사진은 저작권이 없으니까 아무렇게나 사용해도 된다고 생각하나요? 아니면 인공지능의 발달을 위해서 꼭 필요한 영상과 사진의 저작권은 지켜져야 한다고 생각하나요? 여러분의 생각을 정리해보세요.

글쓰기에 힘이 되는 배경 지식 알아보기

앞으로 우리 사회에서 인공지능이 더 많은 자리를 차지하게 될 것은 당연하다고 생각해요. 그래서 인공지능이 만든 그림, 사진, 영상 등을 앞으로 더 많이 접하게 될 것 같아요. 심지어 최근에 미국 콜로라도에서 열린 미술 대회에서 화가를 제치고 인공지능이 그린 그림이 우승을 차지했다고 해요. 심지어 인공지능 그림을 제작한 사람은 미국의 제이슨 앨런이라는 게임 개발자예요. 미술을 제대로 배워본 적이 없는 사람이죠. 제이슨이 미술 대회에서 우승한 구체적인 방법은 무엇이었을까요? 제이슨이 그리고 싶은 그림을 설명하는 글을 인공지능에 입력하면 끝나요. 인공지능이 글을 가장 잘 설명하는 그림을 단 몇 초 만에 만들어내죠. 제이슨은 직접 그림을 한 번도 그리지 않았어요.

물론 인공지능이 예술 작품을 만들어내는 것 자체가 놀라운 일이 아니에요. 상당히 많은 인공지능이 그림을 단 몇 초 안에 그려낼 수 있어요. 이러한 인공지능이 개발되기 위해서는 이미 사람이 오랜 세월 그려왔던 작품을 학습하는 것이 꼭 필요해요. 우리가 인공지능의 놀라운 기능에만 집중하기보다 인공지능이 그 기능을 제대로 수행할 수 있도록 돕는 인간의 창작물을 잊지 말아야 해요.

글쓰기를 준비해요!

찬반 글쓰기를 위해서는 내 생각을 뒷받침해줄 수 있는 문장을 잘 사용할 수 있어야 해요. 다음 문장을 보고 인공지능이 발달하기 위해서 사용되는 사진과 영상 자료의 저작권을 무시해도 되는가에 **찬성**하는 입장인지, **반대**하는 입장인지 선택하세요.

① 인공지능이 만드는 창작물은 어쨌든 사람이 만든 창작물과 달라서 저작권을 인정받지 못한다. 그러므로 인공지능이 발달하기 위해서 어쩔 수 없이 사용되는 사진과 영상 자료의 저작권을 무시할 수밖에 없다고 생각한다. (찬성 / 반대)

② 인공지능이 발달하기 위해서는 엄청난 양의 사진과 영상 자료를 학습해야 한다. 그런데 많은 양의 사진과 영상 자료의 저작권을 일일이 다 챙기려면 시간과 비용이 너무 많이 들 것 같다. 그러므로 어쩔 수 없이 인공지능에 사용되는 사진과 영상 자료의 저작권을 무시할 수밖에 없다고 생각한다. (찬성 / 반대)

③ 아무리 많은 사진과 영상 자료가 인공지능의 학습에 필요하다고 해도 사진과 영상을 만든 사람의 시간과 노력이 있기 마련이다. 자료의 수와 관계없이 창작자의 저작권은 꼭 지켜져야 한다. (찬성 / 반대)

④ 만약에 나 모르게 내가 만든 영상을 인공지능이 허락도 받지 않고 학습한다면 정말 기분이 나쁠 것 같다. 창작자의 허락을 받지 않는 것은 기본적인 상식에도 어긋나는 것 같다.
(찬성 / 반대)

찬반 글쓰기에 대해 알아볼까요?

찬반 글쓰기의 시작은 주제에 대해서 내 생각을 한 문장으로 먼저 정리해보는 것입니다. 내 생각이 정리되었으면 해야 할 두 번째 단계가 있어요. 바로 ==내 생각을 뒷받침하는 이유를 찾는 것==이에요.

"무조건 내 말을 믿으세요!"라고 말하는 것보다 이유를 찾아가며 한 문장으로 정리한 내 생각을 설명하는 것이 더욱 좋아요.

함께 써볼까요? 　인공지능의 창작물에도 저작권이 있는지에 대한 찬반 글쓰기

여러분은 인공지능이 발달하기 위해서 사용되는 사진이나 영상 자료의 저작권을 무시해도 된다고 생각하나요? 혹은 인공지능의 발달도 중요하지만, 사진이나 영상 자료의 저작권은 무시돼서는 안된다고 생각하나요?

① 내 생각 한 문장으로 정리해보세요.
　TIP! 우선 내 생각을 간단하게 한 문장으로 정리하세요.

> 나는 인공지능이 발달하기 위해서 사용되는 사진과 영상 자료의 저작권을 무시해도 된다는 의견에 (찬성한다/반대한다)

② 왜 그렇게 생각하는지 이유를 적어보세요.

문해력 업! 단어 알아보기

여러분이 '함께 써볼까요?'를 도전할 때 꼭 활용하면 좋을 어휘랍니다.

장	날짜	어휘 1	어휘 2	어휘 3	어휘 4
1장 미생물과 곤충	01 일차	분만실	산파	소독약	생존율
	02 일차	유익균	유해균	항생제	숙주
	03 일차	장례식	매장	화장	미생물
	04 일차	불포화 지방	메탄가스	지구 온난화	공장식 축산
	05 일차	온실가스	사료	분변토	퇴비
	06 일차	절임	훈연	저온 살균법	미생물
2장 내 몸	07 일차	단순당	당뇨병	복합당	위염
	08 일차	살균	소화 효소	영양실조	수분
	09 일차	감염	포도상구균	독성	대량 생산
	10 일차	호르몬	수용체	적정 수준	질환
	11 일차	신약 개발	안전성	수명	컴퓨터 시뮬레이션
3장 생태계	12 일차	바다 사막화	해조류	정착	인공 어초
	13 일차	순환	해류	미세 플라스틱	쓰레기 섬
	14 일차	사육사	노출	수의사	스트레스
	15 일차	학대	권리	자발적	배려
	16 일차	공생 관계	생태계	생물 다양성	적도

장	날짜	어휘 1	어휘 2	어휘 3	어휘 4
17 일차	4장 기후 위기	대륙	부화	전염병	치사율
18 일차		지구 온난화	어류	선선한	온실가스
19 일차		성별	부화	염색체	유전적 성 결정 방식
20 일차		지표	기후	기후 변화	기후변화 생물지표종
21 일차		데이터 센터	전기에너지	이산화 탄소	지구 온난화
22 일차	5장 우주	위성	공전	인공위성	위성 인터넷
23 일차		우주쓰레기	무한	충돌	낙하 사고
24 일차		빛 공해	가시광선	자외선	적외선
25 일차		성운	수소핵융합	발광 성운	암흑 성운
26 일차		끈기	사고방식	우주 발사체	지란지교
27 일차	6장 기술	휴머노이드	윤리	불쾌감	대가
28 일차		유전 정보	유전자 가위 기술	돌연변이	해독
29 일차		저작권	침해	창작물	학습